Jesús y las mujeres

Jesús y las mujeres

Una insólita visión del mundo femenino a través de las palabras de Jesús

Enzo Bianchi

Traducción de
Maria Pons Irazazábal

Lumen

ensayo

Papel certificado por el Forest Stewardship Council®

MIXTO
Papel procedente de fuentes responsables
FSC® C117695
FSC www.fsc.org

Título original: *Gesú e le donne*
Primera edición: febrero de 2018

Printed in Spain – Impreso en España

ISBN: 978-84-264-0498-5
Depósito legal: B-26.445-2017

Compuesto en M. I. maquetación, S. L.
Impreso en Egedsa
Sabadell (Barcelona)

H 4 0 4 9 8 5

Penguin
Random House
Grupo Editorial

A esas mujeres que en mi vida,
en mi fe y en mi seguimiento de Cristo
han sido más decisivas que los hombres

Prólogo

Como casi todos los cristianos de mi generación, mi camino de fe lo iniciaron y lo han acompañado sobre todo mujeres creyentes. Mi historia personal, que hay que situar en un pueblecito del Monferrato, ha tenido algunos rasgos peculiares que han acentuado este hecho cultural y sociológicamente indiscutible en el contexto de la Italia católica de los años cincuenta: en las iglesias de mi infancia y adolescencia las mujeres ocupaban siempre los primeros bancos, justo detrás o al lado de los niños, mientras que los hombres se situaban al fondo del templo, a menudo ni siquiera sentados, sino de pie junto al portal. No había soplado aún el viento del «nuevo Pentecostés» del papa Juan y del concilio: entre los «signos de los tiempos», el papa Roncalli incluyó la promoción de la mujer en la sociedad del siglo XX, y el concilio dirigió a las mujeres uno de sus mensajes finales, con acentos que sonaban inéditos a los oídos de los católicos: se afirmaba que la Iglesia estaba «orgullosa de haber elevado y liberado a la mujer, de haber hecho resplandecer [...] su innata igualdad con el hombre». No obstante, el texto continuaba asignando a las mujeres la misión de «la guarda del hogar, el amor a las fuentes de la vida, el sentido de la cuna. Estáis presentes en el misterio de la vida que comienza». Y el mensaje concluía con un mandato solemne: «Mujeres del universo todo [...], a vosotras toca salvar la paz del mundo» (*Mensaje de la Iglesia a las mujeres*, 8 de diciembre de 1965).

Se había puesto la primera piedra. Sin embargo, la esencia femenina seguía reducida al matrimonio y a la maternidad y, aunque se reconocía que «ha llegado la hora en que la vocación de la mujer se cumple en plenitud, la hora en que la mujer adquiere en el mundo una influencia, un peso, un poder jamás alcanzado hasta ahora» (*Mensaje de la Iglesia a las mujeres*, 8 de diciembre de 1965), poco se avanzaba respecto al papel de la mujer en la Iglesia. Más tarde, Juan Pablo II afirmó la necesidad urgente de pasar «del reconocimiento teórico de la presencia activa y responsable de la mujer en la Iglesia a la realización práctica» (*Christifideles laici* 51) y pidió perdón por los abusos cometidos contra las mujeres (cf. *Mulieris dignitatem* y *Homilía* de Juan Pablo II en la Santa Misa de la Jornada del Perdón, 12 de marzo de 2000). En varias ocasiones el propio Papa invitó a «reflexionar sobre el papel de la mujer», paFra otorgarle mayor protagonismo en la sociedad y en la Iglesia, y su insistencia no fue en vano, ya que muchas mujeres se dedicaron al estudio de la teología y de la antropología, con resultados muy notables.

Por último, el papa Francisco ha recogido con convicción la herencia de sus predecesores y en varias ocasiones, tanto de manera formal como informal, ha centrado de nuevo la atención en la presencia y el papel de las mujeres no solo en la vida diaria de la Iglesia sino también en los distintos organismos eclesiásticos. Recientemente, en un gesto de gran alcance simbólico, ha incluido la conmemoración litúrgica de santa María Magdalena en el registro de las «fiestas», equiparándola así a los apóstoles y recuperando para la santa la antigua tradición de *apostola apostolorum*. Además, el papa Francisco ha creado una comisión de estudio, compuesta por mujeres y hombres, para examinar desde un punto de vista histórico y teológico la cuestión del diaconato femenino.

El hecho de haber vivido todas estas etapas, y de haberlo hecho además desde hace cincuenta años en una comunidad de hermanos y hermanas, me ha impulsado a reflexionar sobre los fundamentos evangélicos del papel de las mujeres en la comunidad cristiana y, de una forma más apremiante aún, sobre la actitud de Jesús ante ellas. Considero de hecho que, incluso antes de pensar en estas reformas institucionales, toda la Iglesia debería primero tomar conciencia del modo innovador y hasta «subversivo» de comportarse de Jesús ante las mujeres, siguiendo también en esto el evangelio y prestándole obediencia.

En este sentido me uno asimismo al clamor que se eleva por doquier hacia la Iglesia para que recupere, con las mujeres y gracias también a ellas, una frescura y una afabilidad a la hora de vivir, anunciar y dar testimonio del evangelio que una estructura demasiado esclava de mentalidades mundanas —de la machista de antes, que todavía persiste, a la reivindicativa y eficientista de nuestros días— ha perdido. Si el ejemplo de Jesús fuera de nuevo la guía segura para vivir hoy el evangelio, y hombres y mujeres aprendiéramos a caminar juntos en la diversidad reconciliada, la convivencia sería mejor y más hermosa, y el avance de la Palabra en el mundo de hoy recuperaría el impulso perdido.

«Varón y hembra los creó»

La mayoría de las veces, las mujeres que pueblan los numerosos relatos del Antiguo Testamento parecen confinadas a la sombra de los protagonistas masculinos [...]. Pero no por eso su papel es menos determinante. Las encontramos siempre allí donde, al abrigo de las miradas, se toman decisiones que determinan el futuro. Dispuestas casi siempre a defender la vida, saben cómo evitar que esta se hunda en los atolladeros de la injusticia y de la violencia, y su audacia solo es equiparable a su grandeza de ánimo y discreción.

André Wénin

Observar los vínculos y las relaciones que una persona teje y cultiva es una de las mejores maneras de conocerla. La forma en que mira a los demás, los distingue, elige tener a su lado a unos y no a otros, las amistades y los afectos: todo esto dice mucho de una persona. Por eso también el camino que nos lleva a conocer mejor a Jesús pasa necesariamente por el análisis de las relaciones que mantuvo: ante todo con sus discípulos, que formaron parte de su vida durante unos años, pero también con los enfermos (fueron sus encuentros más numerosos), con los pecadores, con los no judíos (los *gojim*, los gentiles) y con los que fueron sus enemigos.

Jesucristo, como todos, se relacionó con hombres y mujeres: de ahí que debería ser natural reflexionar también sobre la relación entre Jesús y las mujeres que estuvieron presentes en su vida y en su ministerio de anunciador del reino de Dios. No obstante, debemos admitir francamente la escasez de fuentes que puedan ofrecernos un testimonio al respecto, escasez debida a que las mujeres en la cultura antigua dominante, y especialmente en el área del Medio Oriente, eran seres marginales e inferiores. Hasta cabría preguntarse si se les reconocía una subjetividad: no estaban presentes en la vida pública ni tenían posibilidad de ser protagonistas significativas de la historia, a menos que fueran reinas o estuviesen dotadas de un gran talento poético. Así que en nuestras fuentes tampoco aparecen las mujeres, que en las narraciones tienen menos presencia de la que objetivamente habrían podido tener y que, cuando se recuerdan, a menudo aparecen en silencio. Por eso es necesario que nosotros, lectores de las fuentes, no deduzcamos la ausencia de las mujeres cuando no se las menciona, ni demos por seguro su silencio cuando no se recuerdan sus palabras. Dada su irrelevancia social y religiosa, las mujeres eran ignoradas en la tradición oral y en la escrita, confiadas siempre a los hombres, que se consideraban los únicos intérpretes autorizados de los hechos y de la historia. Es un motivo más para crear y alimentar una visión ideal de la mujer sometida, obediente, oculta, silenciosa, situada siempre en casa, en familia, y nunca figura parlante o pública.

Pero no basta con denunciar la escasez de las fuentes y el consiguiente silencio sobre las mujeres: es preciso presentar, aunque sea brevemente, la cultura dominante en la época de Jesucristo, cultura inspirada también en las Escrituras, que eran el fundamento de la fe y de la moral de la sociedad judía. Si bien es cierto que el texto más reciente sobre la creación del mundo (Gn 1,1-2,3a) afirma que el *adam*, el terrestre, el humano-humanidad sacado del *adamah*, de la tierra, fue creado «a nuestra imagen, semejante a nosotros», creado varón y hembra (Gn 1,26-27), y por tanto con igual dignidad para el hombre y la mujer, hay que admitir que el segundo relato, el más antiguo (Gn 2,4b-24), contiene elementos misóginos, ya que se trata de la elaboración literaria de una sociedad patriarcal en la que la preeminencia del hombre sobre la mujer estaba consolidada.

En esta narración, la mujer es creada después de las plantas y de los animales, es creada porque para el hombre «no se encontró ayuda adecuada a él» (Gn 2,18.20). Sacada de una costilla de Adán (cf. Gn 2,20), suscita su alegre y maravillada exclamación: «¡Esta sí que es hueso de mis huesos!» (cf. Gn 2,23), pero todo el relato se nutre de la prioridad y preeminencia del varón. Así, el hecho de ser dominada por el hombre, condición normal de las mujeres de la época, se explica culpabilizando a la mujer tentadora del hombre, seducida por la serpiente y capaz de inducir al hombre a la caída (cf. Gn 3,1-13). Este mensaje, transmitido de generación en generación, siempre ha confirmado y justificado la primacía y el dominio del hombre sobre la mujer por ser la voluntad de Dios.

En esta reflexión preliminar no recorreremos el Antiguo Testamento en busca de otros testimonios sobre el tema de la mujer, que por supuesto serían numerosos, sino que, analizando brevemente la cultura de la época de Jesús, podemos afirmar que en la sociedad judía el papel de la mujer era sobre todo el de madre capaz de asegurar la generación, figura dotada de amor profundo y de misericordia en la vida familiar, personaje ejemplar por la fe y la capacidad de servicio en la vida religiosa de Israel. En el mejor de los casos, la mujer podía aspirar a desempeñar el rol de criada-señora de la casa del marido, de educadora de los hijos y consuelo del cónyuge, aunque siempre sometida a la autoridad de este último, privada de libertad y de autonomía, sospechosa siempre de caer en la tentación de la infidelidad. Como apunta exactamente la literatura sapiencial, solo la mujer virgen es deseada por el hombre para casarse, mientras que la mujer casada es «como la parra fértil en los muros de tu casa» (Sal 128,3) y su más alta vocación es ser la señora de la casa, previsora, prudente, ahorradora, fiable para el marido y educadora de la numerosa prole (cf. Prov 31,10-31). Los hombres deben guardarse de las mujeres, no abandonarse nunca a su amor (cf. Eclo 9,2), mantenerse alejados de las mujeres «cortesanas» (cf. Eclo 9,3-4) y, en cualquier caso, ser conscientes de sus artes de seducción y maldad (cf. Eclo 25,13-26,18).

A las mujeres pertenecientes a la comunidad del Señor se les exigía que cumplieran la Ley, que transmitieran la fe a las generaciones, pero sin tener una misión concreta. No se les permitía a las mujeres asistir del mismo modo que los hombres al culto en el templo y en las sinagogas, sino que solo podían ocupar un espacio limitado al fondo del recinto, desde donde asistían al culto celebrado por los hombres. La instrucción religiosa estaba reservada a los hijos varones y a las mujeres solo se les enseñaba la observancia de lo que les estaba prohibido, los preceptos negativos, lo que no debían hacer. Decía el rabino Eliezer: «Enseñar la Torá a la propia hija es enseñarle obscenidades» (Mishná, Sotah 3,4), y el comentario a esta afirmación dice así: «Más vale quemar las palabras de la Torá antes que confiarlas a una mujer» (Talmud palestino, Sotah 3,4,19a). Por tanto, hablar con las mujeres era «distraerse de las palabras de la Torá y correr hacia el infierno» (Pirqè Avot 1,5).

Es evidente que se consideraba que la mujer carecía de subjetividad, hasta el punto de que su palabra no tenía valor de testimonio ni en la vida diaria ni en un juicio; en cuanto a la vida de la fe, ni siquiera se le exigía la recitación del Shemá Israel (cf. Dt 6,4-9), ni contaba como miembro necesario de un grupo para los rezos oficiales: para eso se necesitaban (y siguen necesitándose) diez varones, ¡y las mujeres no servían (ni sirven) ni para hacer bulto! Por otra parte, todas las mañanas el judío devoto recitaba (y sigue recitando) la bendición: «Bendito seas, Señor, porque no me has creado pagano, ni me has hecho mujer ni ignorante», mientras que a la mujer se le exigía una plegaria de resignación: «Bendito seas, Señor, porque libremente me has querido y creado como soy». Así pues, la mujer era una presencia oculta, sin voz en la sociedad, relegada a la intimidad del hogar, dedicada a la familia, al marido —su dueño (*ba'al*)— y a los hijos, amada y venerada por su sumisión, por sus virtudes domésticas y por mantenerse en «su» sitio, el sitio establecido por los hombres.

Ahora bien, esas breves notas no deben llevarnos a la conclusión de que la mujer en Israel, en tiempos de Jesucristo, era tan solo un ser oprimido y no reconocido en la sociedad, porque la mujer judía jamás fue reducida a cosa, sino que seguía siendo una persona y, sobre todo si era una mujer fiel y una madre fecunda, obtenía reconocimiento, elogios y alabanzas por parte de los sabios de Israel. En el Talmud abundan las expresiones que atribuyen a la presencia de la mujer la alegría, la bendición, la paz y el bienestar: «¿Qué hombre puede considerarse rico? El que tiene una mujer virtuosa (Talmud babilónico, Shabbat 25b); y continúa «Cuidad a vuestra esposa, porque, si llora, sufriréis el castigo que merece vuestra dureza con ella» (Talmud babilónico, Baba Metzia 59a).

Pero si profundizamos más, podemos decir que, paradójicamente, la tradición rabínica tanto anterior como posterior a Jesús de Nazaret mostró una actitud mucho más cerrada respecto a las mujeres que la propia Escritura. Se produjo en el mundo judío una evolución análoga a la que se producirá también en la Iglesia: la interpretación de la Escritura y la normativa ética y de conducta que de ella ha derivado han privilegiado los textos que subordinaban la mujer al hombre, dejando de lado o incluso silenciando cualquier otra perspectiva. De hecho, es innegable que en el texto bíblico también aparece una visión positiva de la mujer y que en él las mujeres desempeñan un importante papel. Piénsese en la función decisiva de las matriarcas Sara, Rebeca, Lía y Raquel. O en la aportación de María, hermana de Moisés y Aarón, en el episodio del Éxodo y en la celebración del paso del mar Rojo. O recuérdense también las figuras de Tamar, Racab y Rut, que aparecen en la genealogía de Jesús según Mateo (cf. Mt 1,3.5). A propósito de esta cuestión, Anne-Marie Pelletier escribe estas agudas palabras: «Pese a que la acción política está en manos de los hombres; aunque, a diferencia de las otras religiones cercanas, la mujer no tiene papel alguno en el culto de Israel [...], la tradición bíblica indica otro registro de la historia, guiado por Dios y que incluye precisamente roles femeninos». También la meditación sapiencial, deudora de la cultura del Próximo Oriente antiguo, de Egipto y de Mesopotamia, concede cierto relieve a la mujer. Excepción hecha de algunos textos con acentos misóginos —«Más vale morar en un rincón de la terraza que compartir casa con mujer quisquillosa» (Prov 21,9; 25,24); «Y descubro que más amarga que la muerte es la mujer, porque es una trampa; su corazón, una red; sus brazos, cadenas. El que es grato a Dios logra escapar, pero el pecador queda prisionero de ella» (Eclo 7,26)—, en la época posterior al exilio se afirma una figura femenina de Sabiduría personificada, presente en la creación del mundo (cf. Prov 8,22-31) y capaz de ordenar el mundo con su inteligencia y potencia (cf. Sab 7,21). Sin olvidar la conclusión del Libro de los Proverbios, que contiene el elogio de la mujer fuerte. Y justamente aquí llegamos a los límites de nuestra exposición. Pese a las resonancias simbólicas de este fragmento, resulta emblemático que para elogiar a una mujer haya que recurrir a su dimensión de dueña de la casa, como si en otros ámbitos le estuviese negada una plena subjetividad...

Sobre este fondo religioso y cultural, esencialmente patriarcal, destaca la figura de Jesús, capaz de desmontar este esquema de injusticia que se extiende en el espacio y en el tiempo: solo Jesús lo interrumpió durante su breve vida terrenal, ¡y en esto no le reconocieron ni sus propios discípulos!

Intentaremos ver cómo el rabino y profeta de Galilea, aun siendo hijo de su tiempo, se situó en relación con las mujeres y su condición, llevando también a este terreno la novedad de su buena nueva, del Evangelio. En este proceso examinaremos la figura de María, la madre del Señor, cuyo papel en la historia de la salvación es único. Situada en un plano de relevancia distinto, también los evangelios tratan su figura con una intención teológica distinta a la de las otras presencias femeninas en la narración. Ya hemos dedicado otros análisis extensos a su figura tal como se describe en los sinópticos y como se nos presenta en el Evangelio según Juan.

Jesús y las mujeres en los evangelios sinópticos

Para la sensibilidad de la época, la libertad que se toma Jesús de llamar a las mujeres «discípulas» es totalmente inconcebible. La libertad de esas mujeres, que abandonaron a su familia para unirse a la comunidad que seguía a Jesús, no lo es menos. Que las mujeres hayan sido confinadas a actividades de diaconía se debe a la tendencia de la Iglesia, no a las intenciones de Jesús.

FRANÇOIS BOVON

En los cuatro evangelios canónicos, la presencia de mujeres que conocieron a Jesús o que incluso le siguieron no es uniforme. Cada evangelio recuerda a unas mujeres y no a otras, las introduce y las trata de manera distinta; no obstante, todos coinciden en reconocer que las mujeres fueron testimonios de la pasión-muerte-resurrección de Jesús y las primeras «enviadas» por el Resucitado para llevar la buena nueva pascual a los Once y a los otros discípulos.

Al comienzo del capítulo ocho del evangelio según Lucas, se lee un «resumen», o sea, un breve texto del evangelista en el que se habla de la actividad habitual de Jesús durante su ministerio en Galilea:

> Él prosiguió después su camino por ciudades y aldeas, predicando y anunciando en ellas el evangelio del reino de Dios. Con él iban los Doce y algunas mujeres que habían sido curadas de espíritus malignos: María, llamada Magdalena, de la cual habían salido siete demonios; Juana, la mu-

> jer de Cusa, administrador de Herodes; Susana y otras muchas, que les ayudaban con sus propios bienes. [Lc 8,1-3]

Este es el entorno de Jesús, su comunidad, según Lucas: los Doce y algunas mujeres. Estos hombres y estas mujeres abandonaron su hogar, su familia y su parentela para estar con Jesús, para escucharle y seguirle, viviendo con él y acompañándole en su itinerario, hasta la pasión y la cruz, donde las mujeres serán los únicos testigos de su muerte y sepultura (cf. Mc 15,40-41.47 y par.) y de su resurrección del sepulcro (cf. Mc 16,1-8 y par.; Jn 20,1-2.11-18).

Parece cierto, por tanto, que entre los seguidores de Jesús había «muchas mujeres» (Mt 27,55) y en su círculo más cercano algunas de ellas le seguían como discípulas. Es cierto también que algunos grandes estudiosos del Jesús histórico se muestran reticentes respecto a la participación de las mujeres en la vida de su comunidad, porque en los evangelios no aparece jamás el término «discípula/discípulo», aunque ellos mismos constatan que en estas fuentes Jesús trata a algunas mujeres como si fueran verdaderas discípulas: «Quedémonos con una especie de paradoja. ¿Tuvo discípulas el Jesús histórico? De nombre, no; en realidad —al margen de la cuestión de una apelación implícita y no explícita— sí» (John P. Meier). Además, «el hecho de que en el círculo más íntimo de Jesús hubiera mujeres [... es] un aspecto importante del escándalo que provocaba en su ambiente» (Giuseppe Barbaglio).

Las palabras de Lucas que hemos reproducido al comienzo afirman una ruptura de Jesús con la tradición, porque en aquel tiempo era inaudito que las mujeres siguieran a un rabino, a un maestro; es más, como hemos visto, era improcedente y vergonzoso que un rabino enseñase a las mujeres cosas de Dios. Pero Jesús realmente no discrimina entre hombres y mujeres, y estos versículos del tercer evangelio son importantes, son un rastro de la memoria que da fe de una enorme, inaudita novedad en la actitud del rabino de Nazaret. Todavía hoy, en el espacio cristiano puede ser un problema la expresión «una comunidad de hombres y mujeres», pero la realidad era esta, y no es casual que algunas de estas mujeres sean recordadas con su nombre y representen figuras decisivas en la historia de Jesús y en el desarrollo de la fe en él.

La expresión «con él» (*syn autô*: Lc 8,1) indica el seguimiento por parte de estas mujeres, que también son el sujeto del verbo «seguir con» (*synakolouthéo*: cf. Lc 23,49) y «acompañar» (*synérchomai*: Lc 23,55) cuando se mencionen de nuevo a la hora de la cruz. No obstante, debemos registrar un pesado silencio sobre su presencia en el grupo de Jesús. ¿Servían a Jesús solo con sus bienes, es decir, ayudando al grupo económicamente, o eran colaboradoras en el anuncio de la palabra de Dios? Desde luego no cabe pensar que no tuviesen la posibilidad de tomar la palabra delante de Jesús y de los demás, aunque no existe alusión alguna al hecho de que fuesen enviadas a predicar la llegada del Reino, paralelamente al envío de los Doce (cf. Mc 6,7-13 y par.) o de los setenta y dos discípulos (cf. Lc 10,1-16). En cualquier caso, su participación en la vida común del grupo es segura y su ayuda a la misión de Jesús es real y está claramente reconocida.

Y es precisamente a la hora de la pasión cuando estas mujeres aparecen de nuevo siguiendo a Jesús:

> Había además unas mujeres que miraban desde lejos, entre las cuales estaban también María Magdalena, María, la madre de Santiago el Menor y de José, y Salomé, las cuales, cuando él estaba en Galilea, lo seguían [verbo *akolouthéo*] y le servían [verbo *diakonéo*], y otras muchas que habían subido con él a Jerusalén. [Mc 15,40-41]

También Mateo atestigua que «habían seguido [verbo *akolouthéo*] a Jesús desde Galilea para servirle» (Mt 27,55) y las nombra asimismo como acompañantes de Jesús en la subida a Jerusalén; Lucas —como ya hemos visto— escribe que «lo habían seguido desde Galilea» (Lc 23,49), aunque no menciona los nombres. Fieles en el seguimiento de Jesús hasta la cruz —mientras que los Doce y los otros discípulos «abandonándolo, huyeron todos» (Mc 14,50; cf. Mt 26,56)—, y convertidas en testigos de su muerte, lo fueron también de su sepultura. Insistiremos más adelante en esta cuestión: de momento basta con anotar que los evangelistas no podían silenciar la presencia de las mujeres a la hora de la pasión y de la cruz, sobre todo porque, no pudiendo decir que los Doce estaban presentes, no habrían tenido testigos. No dejemos correr la imaginación, no vayamos más allá de lo que «está escrito», pero empecemos a decir claramente y sin duda alguna que la comunidad de Jesús estaba compuesta por doce hombres y por algunas mujeres —una «unidad sociológica primaria», como la llamaríamos hoy—, que era una comunidad de unas veinte personas, de discípulos y discípulas que habían dejado familia, casa, campos, mujer, marido e hijos (cf. Mc 10,29-30 y par.) para seguir a Jesús.

En esta comunidad las mujeres colaboraron en la actividad de Jesús, participando en todas las tareas que exige una vida en común: «La novedad inaudita de semejante vida comunitaria por fuerza ha de suscitar reacciones violentas» (François Bovon). Sí, hubo un seguimiento femenino, no solo masculino, ¡aunque fue silenciado por la tradición evangélica! Pero no podemos dejar de preguntarnos, una vez más: ¿tenían también la función de mensajeras, como los Doce, convertidos en *apóstoloi*, enviados (Mc 3,14; 6,30, etcétera), por Jesús? Los evangelios no dan testimonio de esta actividad en el tiempo prepascual, y sobre todo Lucas parece más inclinado a limitar su participación a la *diakonía*, es decir, a servir a Jesús con sus bienes. Paradójicamente es justamente Lucas, muy interesado en presentar sin confusiones ni homologaciones la realidad de los diversos ministerios en la Iglesia naciente, llamado incluso «el evangelista de las mujeres», quien parece querer minimizar el papel femenino en el seguimiento de Jesús... En realidad, según Lucas, esas discípulas tienen una única misión: como mujeres piadosas y ricas, servir a Jesús con sus bienes.

Jesús también encontró a mujeres anónimas, pero de esos encuentros casuales, de esas relaciones ocasionales y breves se obtienen elementos valiosos para comprender su actitud hacia ellas. En los evangelios sinópticos se narran una decena de estos encuentros, sobre todo en el texto de Lucas. Los más significativos, en mi opinión, son el encuentro con la mujer que padecía flujo de sangre (Mc 5,25-34; cf. Mt 9,20-22; Lc 8,43-48), con la mujer extranjera (Mc 7,24-30; cf. Mt 15,21-28), con la viuda de Naín (Lc 7,11-17), con la pecadora en casa de Simón el fariseo (Lc 7,36-50), con Marta y María (Lc 10,38-42), con la mujer encorvada (Lc 13,10-17), con la viuda pobre (Mc 12,41-44; cf. Lc 21,1-4), con la mujer anónima que unge a Jesús en Betania (Mc 14,3-9; cf. Mt 26,6-13) y con las mujeres después de su resurrección.

La mujer que padecía flujo de sangre

> Una mujer, que padecía flujo de sangre desde hacía doce años, que había sufrido mucho por causa de muchos médicos y que había gastado toda su fortuna sin conseguir ninguna mejoría, sino que más bien iba de mal en peor, habiendo oído las cosas que se decían de Jesús, se acercó entre la turba por detrás y tocó su manto, pues decía para sí: «Como logre tocar siquiera sus vestidos, quedaré curada». Al instante aquella fuente de sangre se le secó y notó en sí misma que estaba curada de su enfermedad. Pero Jesús,

> notando enseguida la fuerza que de él había salido, se volvió en medio de la muchedumbre y preguntaba: «¿Quién me ha tocado los vestidos?». Sus discípulos le decían: «¿Ves que la multitud te apretuja, y preguntas "Quién me ha tocado"?». Pero él miraba a su alrededor, para ver a la que había hecho esto. Entonces la mujer, toda azorada y temblorosa, pues bien sabía lo que le había sucedido, vino a echarse a sus pies y le declaró toda la verdad. Pero él le dijo: «Hija mía, tu fe te ha salvado; vete en paz y queda ya curada de tu enfermedad». [Mc 5,25-34; cf. Mt 9,20-22; Lc 8,43-48]

Se trata en este caso de una mujer, anónima, que según la ley de Moisés es impura, está excluida de la vida social. En el libro escrito por los sacerdotes, el Levítico, la Torá precisa que una mujer con flujo de sangre es impura: «Cuando la mujer tenga la menstruación permanecerá impura siete días y quien la toque será impuro hasta la tarde. El lecho en el que ella duerme mientras dura su impureza y los muebles en los que se siente durante la menstruación serán impuros [...]. Si una mujer tiene flujo de sangre por muchos días fuera del tiempo de su regla, o su regla se prolonga más días de lo habitual, será impura todo el tiempo que dure el flujo de su impureza, como en el tiempo de la menstruación. La cama en la que se acueste mientras dura su flujo será para ella como la cama en el tiempo de su regla, y será impuro como en el tiempo de la impureza de la regla. El asiento en que se siente quedará impuro, como durante la impureza de su regla» (Lv 15,19-20.25-26).

Está claro que una mujer en estas condiciones es humillada y marginada: no puede mostrarse en público, no puede sentarse ni siquiera en familia, porque dejaría rastros de impureza, ni puede tocar ningún objeto de la casa mientras tenga la menstruación. Hasta que no sea de nuevo pura y haya ofrecido un sacrificio expiatorio de dos tórtolas o dos palomas, no podrá volver a su estado normal (cf. Lv 15,28-30). Hoy semejante legislación nos parece imposible, pero no era así en el pasado ni en muchos lugares y culturas: la sangre que sale de una mujer por razones naturales se considera causa de impureza; en cambio, la sangre de los animales derramada en los sacrificios ¡purifica! Nos parece escandaloso, opresivo para las mujeres, y sin embargo está escrito en la Torá como voluntad de Dios... El Talmud llega a afirmar: «Cuando una mujer que menstrua pasa entre dos hombres, si es al comienzo del ciclo mata a uno, si es al final provocará un conflicto entre ellos» (Talmud babilónico, Pesachim 111a). Y continúa: «Si una mujer tiene un flujo de sangre irregular, [...] su marido debe repudiarla y no tomarla nunca más» (Talmud babilónico, Niddah 12b). Esta es la terrible condición de la mujer en tiempos de Jesús: exclusión temporal en los momentos críticos, exclusión definitiva para la que tiene menstruaciones irregulares, imposibilidad de una vida conyugal y sexual normal, marginación humillante y vergonzosa que hay que sobrellevar con resignación y en silencio.

La mujer anónima de la que hablan los evangelios tuvo noticias de la fama de Jesús, un rabino que también era sanador, y por eso tras muchos intentos fallidos de ser curada por distintos médicos (¡durante más de doce años!), intenta acercarse a Jesús y trata de tocarle al menos el manto, con la esperanza de obtener la curación. No puede proclamar su enfermedad, tampoco puede pedirle a Jesús, que está rodeado de la multitud, que la cure, porque todos se apartarían de ella. Movida por su enorme y obstinada fe, decide actuar de forma clandestina. Abriéndose paso furtivamente entre los seguidores de Jesús, llega junto a él y le toca «el manto» (Mc 5,27), «el borde del manto» (Mt 9,20; Lc 8,44). En cualquier caso, tocar la orla del manto de un judío significaba reconocer que Dios estaba con él (cf. Zac 8,23). Su fe en Jesús es realmente profunda, porque está convencida de que aquel hombre podrá curarla sin necesidad de rogarle, implorarle o advertirle: ¡le basta un simple contacto! Pero la mujer también es consciente de que al tocar a Jesús viola la Ley, le transmite su impureza y comete un pecado gravísimo. Sin embargo, realiza el gesto que demuestra su fe y también su subjetividad, su voluntad de decir «no» a la ley injusta que la estigmatizaba y la apartaba de las relaciones con los demás. Está convencida de que la relación con Jesús puede propiciar a la relación con todos los demás. Y en cuanto toca el manto de Jesús, siente que se detiene el flujo de la sangre y percibe la curación en su cuerpo. Su audacia ha sido premiada: ¡ha conseguido de Jesús una curación que no podía implorarle públicamente!

La iniciativa del gesto ha sido de la mujer, pero tocar supone ejercitar un sentido que siempre es recíproco: el que toca y el que es tocado sienten, experimentan a la vez. Por esto Jesús reconoce que de él ha salido una fuerza, que se ha producido un encuentro entre el deseo de una mujer enferma y su capacidad de curar y de salvar. El acto de liberación se ha realizado, y Jesús podría simplemente con una mirada comunicar a aquella mujer su amor que sana, que cura. Y en cambio pregunta en voz alta: «¿Quién me ha tocado los vestidos?» y, sin hacer caso de la incomprensión de los discípulos, acompaña esta pregunta con una mirada dirigida a la multitud, para ver quién ha osado realizar ese gesto de contacto. En ese momento la mujer, azorada y temblorosa, consciente de lo que ha sucedido, se acerca a Jesús, se postra a sus pies y le cuenta su historia, su enfermedad, su deseo y su curación.

Entonces Jesús se dirige a ella diciéndole: «Hija mía, tu fe te ha salvado, vete en paz y queda ya curada de tu enfermedad». A esa mujer anónima la llama *thygáter*, «hija», para transmitirle su benevolencia paternal, y le dice que precisamente su fe-confianza ha hecho que él respondiese no solo con la curación, sino salvándola: «Tu fe te ha salvado». Una salvación, la otorgada por Jesús, que va más allá de la curación de la enfermedad y que él promete como una condición duradera. De este modo aquella mujer es readmitida en la vida con los demás, es considerada de nuevo apta para la relación y la comunión, y el tabú de la sangre ha perdido todo su poder segregador. Ya no hay barreras entre las mujeres y los demás a causa de la sangre menstrual. Y no solo eso: Jesús declara a esa mujer ejemplar por su fe, esa fe cuya ausencia reprochará a los discípulos (cf. Mc 4,40 y par.)

Este relato puede parecernos la narración de un acto de magia, pero no es así: es la fuerza de Dios presente en Jesús la que causa la curación, y la fe de la mujer consiste en disponer lo esencial para que Dios pueda actuar. Ahora bien, ¿en qué difiere este episodio de cualquier otro gesto o palabra de fe? La audacia de la mujer que confiesa su patología impura, la confianza en aquel rabino de Galilea, la fuerza de Dios presente en Jesús se cruzan en el gesto de tocar: comunicación de los cuerpos, gesto sensual, gesto humanísimo que pide comunión... Jesús no solo no lo desdeña, sino que lo reconoce y ve en él toda la fe de la mujer. Además, este gesto de proximidad, una vez aceptado, crea una proximidad recíproca: Jesús ha querido reconocer lo que ha sucedido entre él y aquella mujer y alabar su fe y su audacia. Si un impuro tocaba a otro transgredía la Ley, pecaba; pero en el caso de aquella mujer se invocaba la salvación, por tanto para Jesús era un acto de fe: «Tu fe te ha salvado». Por esto al final de este relato hay que repetir la palabra de Jesús, pero en femenino: «El sábado se instituyó para la mujer, no la mujer para el sábado» (cf. Mc 2,27)

LA MUJER EXTRANJERA

> [Jesús] Partió de allí y se dirigió a los territorios de Tiro. Entró en una casa y quería que nadie lo supiera, pero no

> consiguió pasar inadvertido, porque enseguida una mujer que tenía a su hijita poseída de un espíritu impuro, apenas oyó hablar de él vino a postrarse a sus pies. Esta mujer era griega, sirofenicia de origen; y le suplicaba que expulsara de su hija al demonio. Jesús le decía: «Deja que primero se sacien los hijos, porque no está bien tomar el pan de los hijos para echárselo a los perrillos». Ella le contestó: «Es verdad, Señor, pero los perrillos, debajo de la mesa, comen de las migajas de los hijos». Entonces él le dijo: «Por esto que has dicho, vete: que ya ha salido de tu hija el demonio». Se fue ella a su casa, y encontró que la niña estaba acostada en la cama, y que ya había salido el demonio. [Mc 7,24-30; cf. Mt 15,21-28]

En el evangelio según Marcos (y según Mateo) se produce otro encuentro entre Jesús y una mujer anónima, de la que se destaca su condición de extranjera y, por tanto, de pagana, de no hija de Israel, por ser griega, de origen sirofenicio. Los evangelios atestiguan que Jesús se encuentra también con los extranjeros, los paganos (cf. Mc 5,1-20 y par.; 7,31-8,10), y entre ellos con una mujer. Ya hemos observado que para un rabino era indecoroso el encuentro con una mujer, pero más aún con una extranjera, de la que el evangelio se complace en decir no solo que era griega, sino de origen étnico pagano, puesto que procedía de Siria y de Fenicia: en esta mujer se concentran las etnias paganas que rodean Israel, por tanto no es hija de Israel ni por origen ni por cultura. No cree en el

Dios de Israel, para los judíos es una idólatra, sin embargo, como ha oído hablar de Jesús incluso fuera de Israel, deposita su confianza en él: ¡es un hombre de fiar!

Jesús se acaba de retirar a los territorios de Tiro y Sidón, fuera de la tierra santa, porque quiere alejarse de Galilea, donde ha iniciado su predicación; quiere reflexionar en soledad y por eso desea que se ignore su presencia. Ha decidido permanecer de incógnito, pero ni siquiera en tierra extranjera le es posible: ya es demasiado famoso... Y entonces una mujer, cuya hijita está poseída por un espíritu impuro, interrumpe su retiro. Según Mateo, grita, chilla (cf. Mt 15,22 verbo *krázo*) de una forma obsesiva, como un perro, pero Jesús no la oye, no le presta atención ni le responde, hasta que los discípulos, hartos de aquellos gritos, le piden que la escuche —«¡Atiéndela!»— como único medio de hacerla callar (cf. Mt 15,23). Aquellos gritos tal vez expresan una fe, teniendo en cuenta que la mujer extranjera llama a Jesús «Señor (*Kýrios*), hijo de David» (Mt 15,22), ¿asumiendo la devoción judía frente al Mesías? En cualquier caso, la mujer se postra a sus pies, en posición de súplica y de reconocimiento de la grandeza de Jesús, y le ruega que expulse el demonio del cuerpo de su hija. Es una petición que expresa el sufrimiento y la impotencia de esta madre frente a la vida de su hijita amenazada por la acción del demonio, que se manifiesta también a través de la enfermedad mental.

Jesús no ha abandonado la multitud para predicar ni curar: se ha apartado de su conducta habitual para poder pensar y rezar, pero inesperadamente se le pide que intervenga. Quien le suplica es una mujer, una extranjera, y Jesús le responde manifestándole su obediencia al plan del Padre que le ha enviado. Antes tiene que cumplir una misión entre los judíos, el pueblo de Dios al que ha sido enviado —expresado por Mateo incluso en término de exclusividad: «No he sido enviado sino a las ovejas perdidas de la casa de Israel» (Mt 15,24; cf. 10,5-6)—, y solo después habrá un tiempo en que podrán ser destinatarios de su ministerio también los *gojim*, los paganos. Jesús lo expresa mediante una imagen que explica su negativa: hay que saciar primero a los hijos, es decir, a los hijos de Israel, luego a los perrillos, o sea, los paganos («perros» era un término despreciativo con el que los judíos designaban a los gentiles: cf. Mt 7,6; Ap 22,15).

Ante la negativa de Jesús, la mujer se siente decepcionada, pero resiste, no se desanima y, utilizando la imagen de los perrillos en beneficio suyo, replica: «Es verdad, Señor, pero los perrillos, debajo de la mesa, comen de las migajas de los hijos». Es una mujer libre, que piensa, ¡y con sus palabras hace que cambie la actitud de Jesús! No está ofendida por la negativa desalentadora del Mesías, que sigue siendo para ella un hombre en quien confiar, sino que, por así decirlo, le hace «razonar». Podríamos afirmar que consigue «convertir» a Jesús, quien, deseando mantenerse en los límites fijados a su misión por la economía de salvación, no quería ni predicar a los paganos ni proporcionarles cuidado ni curación. De modo que a Jesús le convence esa mujer, se pliega a esta voluntad femenina, cambia de opinión y anticipa lo que ocurrirá después de la resurrección. En cierto modo, existe un paralelismo con el episodio de Canaán en el cuarto evangelio, en el que la madre de Jesús, tras una negativa de este, obtiene con su fe una anticipación de la hora nupcial del Mesías Jesús (cf. Jn 2,1-11). Jesús se siente vencido y, pensamos que con cierta satisfacción, le responde: «Por esto que has dicho, vete: que ya ha salido de tu hija el demonio». O bien: «Por esta palabra tuya dicha con inteligencia y *parrhesía*, con la libertad de quien siente que puede decir la verdad, el demonio ha sido vencido y tu hija librada del mal». Pero esta palabra de la mujer significa mucho más, porque es revelación para Jesús de su misión (cf. Mt 11,25). Y Jesús muestra que sabe aceptar la revelación de la obra de Dios incluso viniendo de una mujer, que además no pertenece al pueblo de Dios.

En este relato la protagonista es la mujer extranjera, ella es la que con su palabra hace aparecer el Evangelio, la buena nueva que Jesús lleva consigo, porque es él la buena nueva por excelencia, el Evangelio (cf. Mc 8,35; 10,29). Esta mujer pagana sabe que tiene derecho, como todo ser humano, a la misericordia de Dios que supera la ley; por esto invoca a Jesús para que le ponga de manifiesto la infinita misericordia del Padre, que va más allá de la de los escribas y de los fariseos (cf. Mt 5,20), que no puede ser exclusiva, esto es, limitada a Israel y negada a los gentiles. Según Mateo, las palabras finales dirigidas por Jesús a la mujer son extraordinarias y la hacen ejemplar: «¡Mujer, qué grande es tu fe! Que suceda como deseas» (Mt 15,28). La fe de la mujer hace que cambie la actitud de Jesús, que se siente obligado a escucharla y confirmarla: «¡Que se cumpla tu voluntad!». Las palabras de esta mujer, además, concluyen la anterior enseñanza de Jesús sobre lo puro y lo impuro (cf. Mc 7,14-23) y preparan la multiplicación de los panes en tierra extranjera que Marcos narra inmediatamente después (cf. Mc 8,1-10), cuando el pan será compartido por todos, judíos y paganos, y la mesa de la comunión estará abierta a todos. ¡Sí, es una mujer, y además pagana, la que convierte en hecho el Evangelio! Dicho de otro modo, lo que ocurre en este episodio es «el milagro del encuentro. Debido a este encuentro decisivo Jesús inaugura una nueva fase: esta pagana introduce a Jesús en "el mundo", le hace descubrir la universalidad de su misión» (Élian Cuvillier).

La viuda de Naín

> Y ocurrió que después [Jesús] se dirigió a una ciudad llamada Naín, y con él caminaban sus discípulos y una gran multitud. Cuando se acercaba a la puerta de la ciudad, se encontró con que llevaban a enterrar a un muerto, hijo único de su madre que era viuda; y una gran multitud la seguía. Al verla, el Señor sintió una gran compasión por ella y le dijo: «¡No llores más!». Y llegándose al féretro lo tocó, y los que lo llevaban se detuvieron. Luego dijo: «Joven, yo te lo

> mando, ¡levántate!». El difunto se incorporó y comenzó a hablar, «y se lo entregó a su madre». [1Re 17,23] Todos quedaron sobrecogidos de temor y glorificaban a Dios diciendo: «Un gran profeta ha surgido entre nosotros», y «Dios ha visitado a su pueblo». Y su fama se extendió por toda Judea y por toda la región cercana. [Lc 7,11-17]

En su vagabundeo por Galilea, Jesús se dirige a la ciudad de Naín, rodeado de sus discípulos y de una multitud de seguidores. Y de repente se encuentra con otro cortejo, que está saliendo de la ciudad para enterrar a un muerto, un muchacho, «hijo único de su madre que era viuda». Podemos imaginar la situación: el muchacho muerto transportado en parihuelas por unos hombres y, detrás, la madre llorando, las otras mujeres también llorando y parientes, amigos y conocidos de luto.

No es una escena extraordinaria sino habitual. Pero Jesús, con su mirada penetrante, el que ante la venida inminente del reino de Dios dirá «Deja que los muertos entierren a sus muertos» (Lc 9,60), ve y comprende el sufrimiento de una mujer viuda que ha perdido ahora a su único hijo. Él, que es profeta y Mesías, sabe muy bien que su misión se dirige ante todo a los pobres y, entre ellos, sobre todo a los huérfanos, las viudas y los extranjeros. Son justamente estas personas «sin dignidad» en la historia y en el mundo las que reciben del Dios de Israel —«Para el huérfano un padre, para la viuda un vengador, tal es el Señor en su morada santa» (Sal 68,6), el que «protege al extranjero y el que sostiene al huérfano y a la viuda» (Sal 146,9)— la promesa de protección y de liberación:

> No molestarás al extranjero ni lo oprimirás, pues extranjeros fuisteis vosotros en el país de Egipto. No maltrataréis a la viuda ni al huérfano. [Éx 22,20-21]

> Porque Yahveh vuestro Dios es el Dios de los dioses y el Señor de los señores, el Dios grande, fuerte y terrible que no hace acepción de personas ni admite soborno, que hace justicia al huérfano y a la viuda, ama al extranjero y le da pan y vestido. [Dt 10,17-18]

> Maldito el que tuerza el derecho del extranjero, del huérfano y de la viuda. [Dt 27,19]

La Ley expresa varias veces la exigencia de que estos pobres dispongan de alimento, beneficiándose de los frutos de la tierra (cf. Dt 14,28-29; 24,19-22, etcétera), y sobre todo para ellos se instituyó el año sabático y el año jubilar (cf. Lv 25; Dt 15,1-11). En cuanto a la misión del Mesías, estos seres desamparados son los destinatarios de su acción de justicia y de solidaridad (cf. Sal 72,12-13; Is 11,4-5). En la profecía, además, la viuda aparece como una «mujer de Dios» que, aunque extranjera, ofrece hospitalidad y comida a Elías, al que llama «hombre de Dios» y reconoce como profeta: depositando su confianza en el profeta, la viuda extranjera de

Sarepta de Sidón comparte con él todo lo que posee, la poca comida que les queda a ella y a su hijo. Cuando el hijo enferma y muere, invoca a Elías, quien reza por el muchacho, que recupera la vida y es restituido a la madre (cf. 1Re 17,7-24; cf. también 2Re 4,8-37). Precisamente esta página del Primer libro de los Reyes inspiró al evangelista Lucas al narrar la acción de Jesús sobre el hijo de la viuda. Como Elías, también Jesús, profeta mayor que él, resucita a los muertos, y este es un ejemplo: entre los actos mesiánicos que Jesús relee como cumplimiento de la profecía del Siervo del Señor (cf. Is 61,1-3), no solo «los ciegos ven, los cojos andan, los leprosos quedan limpios, los sordos oyen», sino que también «los muertos resucitan y se anuncia el evangelio a los pobres» (Lc 7,22; Mt 11,5).

De modo que Jesús manda detener a ambos cortejos, toca el féretro y le dice a la mujer: «¡No llores más!». Hace esto, según el testimonio de Lucas, porque al ver este sufrimiento es movido a compasión, siente una pulsión profunda que es a la vez conmoción, estremecimiento y compasión (verbo *splanchnízomai*, usado por Jesús en los evangelios otras ocho veces: Mc 1,41; 6,34, 8,2; 9,22; Mt 9,36; 14,14; 15,32; 20,34). La visión del sufrimiento despierta siempre, en quien se deja impresionar por él, un impulso al que es difícil resistirse, porque se impone como exigencia de participación en el sufrimiento, consuelo y proximidad. Entonces Jesús, como el samaritano de la parábola (cf. Lc 10,34.36), siente compasión, se acerca; apenas habla, porque sabe que el dolor no soporta largos discursos, y extiende la mano hacia el féretro hasta tocarlo, acción que, según la Ley, hace que se contamine de la impureza (cf. Nm 19,11-16). Luego le dice al muerto: «Joven, yo te lo mando, ¡levántate!». Pronuncia su palabra potente, llama personalmente al muerto diciéndole: «¡*Eghértheti*, levántate, despierta!». Es el verbo que designa también la resurrección de Jesús (cf. Lc 9,22; 24,6.34) y la resurrección de los elegidos al final de los tiempos (cf. Lc 20,37), es el verbo de la vida que recobra vida.

Ciertamente, el hijo de la viuda estaba muerto, pero este «sueño» suyo indica también la muerte interior, condición a la que alude el apóstol: «Despiértate [verbo *egheíro*] tú que duermes, levántate [verbo *anístemi*] de entre los muertos y Cristo brillará sobre ti» (Ef 5,14). Cuántas veces una madre llora a su hijo dándolo por muerto, sabiéndolo perdido en la espiral de la enfermedad, de la muerte que lo devora. Pues bien, la palabra autorizada y eficaz de Jesús tiene el poder de llamar de nuevo a la vida, de apartar a la muerte y de vencer cualquier obstáculo que se oponga a la vida. Y el joven muerto se levanta y empieza a hablar: recupera la posición de hombre erecto, de pie, y vuelve a comunicarse con los demás. De modo que una viuda que ha perdido al hijo lo recupera gracias a la palabra y a la acción de Jesús. Este episodio nos transmite un mensaje parecido al contenido en el relato de la resurrección de la hija de Jairo (cf. Lc 8,40-42.49-55 y par.); al mismo tiempo, se da testimonio de que Jesús obra en favor de todos, sin discriminaciones, y que entre los pobres, los primeros destinatarios de la buena nueva, incluye también a las viudas, mujeres pobres, ignoradas y agraviadas.

La pecadora en casa de Simón el fariseo

Cierto fariseo le invitó a comer. Entró, pues, Jesús en la casa del fariseo y se puso a la mesa. Y en esto, una mujer pecadora que había en la ciudad, al saber que él estaba comiendo en la casa del fariseo, llevó consigo un frasco de alabastro lleno de perfume, y, poniéndose detrás de él, a sus pies, y llorando, comenzó a bañárselos con lágrimas y con sus propios cabellos se los iba secando; luego los besaba y los ungía con el perfume. Viendo esto el fariseo que lo había invitado se decía para sí: «Si este fuera [el] profeta, sabría quién y qué clase de mujer es esta que le está tocando: ¡Es una pecadora!». Entonces tomó Jesús la palabra y le dijo: «Simón, tengo que decirte una cosa». Y él contestó: «Dime, Maestro». «Cierto prestamista tenía dos deudores: el uno le debía quinientos denarios, y el otro, cincuenta. Como no podían pagarle, a los dos les perdonó la deuda. ¿Cuál de ellos le estará más agradecido?» Simón le respondió: «Supongo que aquel a quien más perdonó». Entonces él le dijo: «Bien has juzgado». Y volviéndose hacia la mujer, dijo a Simón: «¿Ves a esta mujer? Cuando entré en tu casa, no me diste agua para los pies; ella, en cambio, me los ha bañado con lágrimas y me los ha secado con sus cabellos. No me diste el beso; ella, en cambio, desde que entré, no

> ha cesado de besarme los pies. No me ungiste la cabeza con aceite; ella, en cambio, ha ungido mis pies con perfume. Por lo cual, yo te lo digo, le quedan perdonados sus pecados, sus muchos pecados, porque ha amado mucho. Pero aquel a quien poco se le perdona, es que ama poco». Luego le dijo a ella: «Perdonados quedan tus pecados». Y comenzaron a decir entre sí los comensales: «¿Quién es este, que hasta perdona pecados?». Pero él dijo a la mujer: «Tu fe te ha salvado; vete en paz». [Lc 7,36-50]

En el evangelio según Lucas, en el que la presencia de las mujeres está más atestiguada que en los otros sinópticos, se narra un episodio referente a Jesús y una mujer, también anónima, que tuvo lugar en un banquete. Este relato parece fijado literariamente, con diferencias significativas, en los cuatro evangelios (cf. Mc 14,3-9; Mt 26,6-13; Jn 12,1-11), plasmado y situado por cada evangelista en el desarrollo de la narración según su propia visión teológica. Podría incluso decirse que este episodio «vivió» en las distintas comunidades cristianas y tuvo una redacción final diferente en cada evangelio.

Independientemente de esta posible interpretación exegética, podemos leer en este relato de Lucas la actitud de Jesús hacia una mujer que el evangelista llama «pecadora», es decir, una mujer manifiestamente execrable debido a su oficio de prostituta que bien conocen sus conciudadanos. Es un relato escabroso, que escandalizó y sigue escandalizando a quienes creen ser personas que deben mantenerse alejadas de viciosos, prostitutas, pecadores reconocidos: lejos de «malas compañías»... Pero Jesús demostró no detenerse nunca ante barreras construidas por los demás como defensas inmunitarias, levantadas sobre la base de la condición moral, sexual, religiosa o étnica. Aun a riesgo de ser mal interpretado y considerado «un comilón y un bebedor, amigo de publicanos y pecadores» (Mt 11,19; Lc 7,34), Jesús no tenía reparos en sentarse a la mesa con ellos ni de alojarse en sus casas, porque consideraba su misión como acogida de pecadores y anuncio de la buena nueva a cuantos estaban alejados de Dios y de su Ley. De modo que quienes se consideraban excluidos de la comunión con Dios gracias a Jesús ¡eran los que escuchaban la buena nueva! Sí, porque Jesús no reconocía en su Dios ninguna voluntad de exclusión: ni de enfermos, ni de impuros, ni de pecadores manifiestos, ni de extranjeros, y mucho menos de mujeres.

En nuestro relato, Jesús es invitado a la mesa de Simón, un fariseo, un hombre religioso, observante de la Ley y justo, de conducta irreprochable. Jesús acepta la invitación, entra en su casa y se pone a la mesa junto a él para este banquete reservado exclusivamente a los hombres. Y en esto una mujer, una prostituta conocida, por tanto una pecadora manifiesta y señalada como tal por los habitantes de la ciudad, tiene la audacia de presentarse en el banquete llevando un frasco de alabastro lleno de perfume. Entra furtivamente, a escondidas, se detiene «detrás» de Jesús (como los discípulos: cf. Lc 9,23; 14,27), se agacha «a sus pies» (en postura de escuchar, de discípula, como María de Betania: cf. Lc 10,39) y hace lo que a menudo hacía por su oficio: lavar los pies de los clientes y perfumarlos. Es lo que hace con Jesús, pero con una novedad importante: lo hace gratuitamente, no obligada, y le lava los pies con sus lágrimas y los besa con todo el amor de que es capaz. Ha oído hablar de Jesús, le ha escuchado y le ama hasta el punto de atreverse a realizar con audacia un gesto extraordinario.

Es una mujer anónima no porque no tenga dignidad, sino para que cada uno de los lectores y lectoras del evangelio pueda no sentirse ajeno a su condición y, por tanto, representable por ella. Y el lector ha de ignorar la tradición, debida a Gregorio Magno, que identifica a esta mujer con María Magdalena o con María de Betania, la que ungirá los pies (o la cabeza) de Jesús la vigilia de su pasión. Esta es una mujer sin nombre, que vive en el pecado de la prostitución. Oficio este que, en tiempos de Jesús en Palestina no se elegía, sino que a él se destinaban desde pequeñas las niñas abandonadas por los padres o compradas como esclavas. Sí, esta es ante todo una pobre mujer, víctima del abandono o del dominio de los hombres, destinada a la prostitución por los otros.

Y a la vista de los gestos que realiza esta mujer, se genera de inmediato una gran turbación y los hombres religiosos allí presentes, *in primis* el fariseo que ha invitado a Jesús, se muestran escandalizados: Jesús es un rabino que no la culpa de nada, no la acusa y se deja tocar (verbo *háptomai*, v. 39) por esta mujer a la que se reconoce como prostituta por su ropa. La intimidad siempre indecorosa con una mujer parece una grave ofensa a la Ley, porque esa mujer es impura, es una prostituta. La ética del fariseo le obliga a pensar: o Jesús no es un profeta y no sabe lo que está ocurriendo ni quién es esa mujer, o es alguien a quien agradan estos gestos, la compañía de las prostitutas, su conducta. La escena es intolerable, embarazosa, porque sin duda tiene un componente erótico: esa prostituta palpa y toca los pies de Jesús, los besa, los baña con sus lágrimas y luego los seca con sus largos cabellos. Es una mujer que no lleva velo como las demás y realiza gestos que las prostitutas ejecutan con pericia para seducir y dar placer. Por último, saca un frasquito de perfume y unge con el ungüento los pies de Jesús. ¡Realmente es demasiado! Esta elocuencia del cuerpo femenino en relación con el cuerpo de Jesús, un rabino y un profeta, ¡es insólita y da miedo!

Jesús, en cambio, lo interpreta todo de manera diferente: hay una mujer agachada a sus pies que toca su cuerpo, llora hasta lavar sus pies con las lágrimas, los seca con sus cabellos, los besa sin pronunciar palabra y los perfuma. Jesús ve a una mujer que ha sufrido y sufre, que ama, una mujer que busca amor, mientras que el fariseo ve a una pecadora. Esta es la diferencia entre el rabino Jeshu'a y los otros expertos de la Ley, los hombres religiosos: lo primero que ve Jesús no es el pecado sino el sufrimiento, y sobre todo ve a una persona que puede ser amada pese a sus pecados y que todavía ama; los hombres religiosos se dedican primero a observar, a evaluar el pecado, a emitir un juicio, y luego ven el sufrimiento, que imponen a los demás, ¡como resultado del pecado!

Según la Ley y el pensamiento dominante, esa mujer impura, al tocar el cuerpo de Jesús le transmite su impureza, pero el evangelio subraya que ella sabe transformar en una manifestación de amor hacia él lo que habitualmente hace como una prestación pagada. Impulsada por el amor, actúa sin temor: ¡«No hay temor en el amor»! (1Jn 4,18). Lo que realiza forma parte del registro amoroso, y Lucas describe las acciones en imperfecto, es decir, como gestos repetidos, caracterizados por una larga duración: «secaba, besaba, ungía»... Las manos de esta mujer cogen y abrazan los pies de Jesús, sus lágrimas los bañan hasta lavarlos, sus cabellos los secan, sus besos cuentan con la boca sus sentimientos, sus manos derraman perfume y lo esparcen sobre sus pies: gestos que son un conjunto de caricias, de besos, de experiencia táctil entre dos cuerpos. La mujer llora porque siente la culpa de los pecados cometidos, o tal vez llora de alegría, porque finalmente ha encontrado a un hombre a quien puede amar de verdad y por el que a su vez puede ser amada. En silencio absoluto deja que sea su cuerpo el que exprese su lenguaje afectivo: audacia, humildad, amor, y todo está resumido «en sus lágrimas, el verdadero significado oculto en esos gestos» (François Bovon). Es muy femenina esta actitud de intimidad, marcada por el hecho de tocar a Jesús con las manos y con los cabellos sueltos: ¡finalmente lo ha conseguido!

Para el fariseo este palpar es un pecado, un peligro para Jesús; es la antesala de relaciones íntimas prohibidas por la Ley, mientras que para Jesús es liturgia de amor, celebración del amor. Y es precisamente en virtud de esta conciencia que él, hasta entonces silencioso y objeto de atenciones por parte de los otros, toma la iniciativa. El texto dice literalmente que Jesús «toma la palabra» y habla. Simón solo ha pensado para sí, no ha hablado, pero Jesús conoce los pensamientos de los corazones (cf. Jn 2,24-25) y con ello manifiesta que es realmente profeta. De modo que leyendo las intenciones de quien le hospeda, le llama por su nombre y se dirige a él con autoridad de rabino: «Simón, tengo que decirte una cosa». Y el otro replica: «Dime, Maestro». Entonces Jesús le explica una breve parábola, a fin de hacer cambiar el punto de vista del fariseo, su forma de pensar: «Cierto prestamista tenía dos deudores: el uno le debía quinientos denarios, y el otro, cincuenta. Como no podían pagarle, a los dos les perdonó la deuda. ¿Cuál de ellos le estará más agradecido?». Simón comprende el sentido de esta parábola tan sencilla y juzga correctamente, aunque también con cierta prudencia, porque intuye una trampa: «Supongo que aquel a quien más perdonó».

El relato podría terminar aquí y la enseñanza sería clara. Pero Jesús continúa y, dirigiéndose a la mujer —con una mirada que le devuelve su dignidad de mujer—, pregunta a Simón: «¿Ves a esta mujer?». Pregunta no banal, auténtica invitación a ver no a una pecadora sino a una mujer. Pregunta con una gran cantidad de posibles insinuaciones: «¿La ves o sigue siendo para ti invisible? ¿La ves o los ojos de tu corazón te la hacen invisible? ¿La ves o para ti no existe? ¿Ves en ella lo que quieres ver partiendo de tu precomprensión y de tu prejuicio o ves lo que está haciendo ahora gratuitamente, por amor? ¿La ves con tu mirada ofuscada por el hábito de verla en las esquinas de las calles?». Luego, Jesús se extiende en una insistente comparación entre esta mujer y Simón, oponiendo lo que ella ha hecho y lo que él no ha hecho; o mejor, lo que ella le ha dado y lo que él no le ha dado. Simón le ha invitado a comer, pero no le ha dado el agua para lavar los pies, mientras que la mujer se los ha lavado con lágrimas y secado con los cabellos; Simón no le ha dado un beso, mientras que la mujer no ha cesado de besarle los pies; Simón no le ha perfumado, mientras que la mujer le ha bañado los pies en perfume. En resumen, Simón no ha sabido darle nada a Jesús, en cambio la mujer se ha convertido toda ella en un don para él, con todo su cuerpo, sus manos, sus lágrimas, sus cabellos, sus caricias: ha obrado con el cuerpo que era, no con el cuerpo que poseía, con la entereza de su ser, con su cuerpo animado por amor a Jesús. Todo lo que Simón no ha hecho y no le ha dado, esta mujer lo ha hecho y se lo ha dado. Así pues, gracias a esta entrega que es gran amor, afirma Jesús, «le quedan perdonados sus pecados, sus muchos pecados, porque ha amado mucho [*Hóti egápesen polý*]». No podemos olvidar el espléndido y lapidario comentario del patriarca Atenágoras a esta frase: «*Hóti egápesen polý*. Porque ella ha amado mucho. Porque Él ha amado mucho. Todo el cristianismo está aquí».

Luego Jesús añade una frase que parece invertir la que acaba de pronunciar: «Pero aquel a quien poco se le perdona, es que ama poco». En realidad, ambas frases son verdaderas: aquel al que se perdona más ama más y, al mismo tiempo, esta mujer es perdonada porque ha amado mucho. El perdón causa el amor, ¡pero también el amor causa el perdón! Sabemos a cuántas discusiones exegéticas y teológicas ha dado pie esta aparente contradicción entre las dos sentencias de Jesús, pero preferimos destacar lo que es el núcleo del encuentro entre Jesús y esa mujer: el amor. En cualquier caso, «los gestos de amor de la mujer son a la vez indicios y causas del perdón» (François Bovon).

Este relato de Lucas es un testimonio de cómo Jesús sabía acoger a las mujeres, su lenguaje corporal, su amor dirigido a reconocer su cuerpo y no solo su enseñanza. En esta mesa, ¿a quién ha encontrado Jesús y, viceversa, quién ha sido encontrado por él? No Simón, que es el que le había invitado y a quien Jesús trata de guiar para que descubra su propio corazón. En cambio, la mujer ha hallado a Jesús, y él la ha encontrado hasta el punto de declararle: «Perdonados quedan tus pecados. [...] Tu fe te ha salvado; vete en paz». La pecadora ha obtenido el perdón de sus pecados, como ha declarado Jesús, por eso se siente «una nueva criatura» (2Cor 5,17; Gál 6,15), con una vida nueva por delante. Sin duda ha comprendido que ese amor que la había empujado a buscar a Jesús y a encontrarlo era suscitado precisamente por Jesús y por su anuncio de la misericordia de Dios. Por esto no es necesario que Jesús le pida que no peque más (cf. Jn 8,11), porque, una vez que ha conocido el amor de Jesús, el pecado ya no puede hacer esclavo al creyente. Esta es la fe que ha salvado a la mujer, la ha liberado de su alienación, la ha vuelto a poner de pie y la ha capacitado para retomar el camino en paz. ¿Tal vez esa mujer será una de las que estaban con Jesús, «curadas de espíritus malignos y de enfermedades», de las que Lucas nos habla inmediatamente después? (cf. Lc 8,2-3). Porque incluso una mujer prostituta puede convertirse en discípula de Jesús, porque «el pecado puede convertirse en amor» —como escribía Lacordaire—, siendo siempre, para los amigos del Señor, una ocasión de amor. La verdadera conversión no se produce cuando uno se vuelve perfecto, purísimo, ¡sino cuando el pecado se convierte en amor!

Las hermanas Marta y María

> Siguiendo ellos su camino, entró Jesús en cierta aldea, y una mujer, llamada Marta, lo recibió en su casa. Tenía ella una hermana, llamada María, la cual, sentada a los pies del Señor, escuchaba su palabra. Marta, entretanto, andaba atareada con los muchos quehaceres. Por fin se paró y dijo: «Señor, ¿es que no te importa que mi hermana me deje sola con todo el trajín de la casa? Dile que venga a echarme una mano». Pero el Señor le contestó: «Marta, Marta, te afanas

y te agitas por muchas cosas; sin embargo, pocas son necesarias, o mejor, una sola. María ha escogido la mejor parte, que no se le ha de quitar». [Lc 10,38-42]

Un relato con pocos detalles, esenciales: dos hermanas, Marta y María, residentes en Betania, en la colina que está enfrente de Jerusalén, reciben a Jesús. Un relato muy conocido en la tradición cristiana, sobre todo porque se ha interpretado como justificación a la introducción de dos estados de vida en la Iglesia: la vida contemplativa (María) y la vida activa (Marta). El daño que ha producido esta interpretación perniciosa es difícil de cuantificar, pero un enfoque que no tenga en cuenta la ideología basada en ella permitirá analizar este tema con una mirada nueva.

Jesús, de camino con sus discípulos hacia Jerusalén (cf. Lc 9,51), entra en cierta aldea y se hospeda en casa de una mujer llamada Marta. No parece que haya hombres en aquella casa, sino solo su hermana María, aunque sabemos por el cuarto evangelio que las dos hermanas tienen un hermano, Lázaro (cf. Jn 11,1-3). Marta acoge a Jesús bajo su techo, y ya este hecho es poco habitual en el contexto social judío, pero el evangelio da testimonio de la libertad de Jesús y de sus amigos y sugiere, por tanto, una emancipación de la mujer en el ambiente cristiano primitivo.

Cuando Marta recibe a Jesús, se preocupa de que todo esté preparado para que su huésped se encuentre a gusto. Hace lo que hacían las mujeres en las casas: invisibles para sus huéspedes, estaban en la cocina, preparaban la comida, se ocupaban de sus labores y no siempre se consideraban dignas de servir la mesa. Así se hacía en Israel, esta era la tradición, ¿y quién se atrevía a contradecirla o a cambiarla? No obstante, María hace un gesto que no era habitual en una mujer: «sentada a los pies del Señor, escuchaba su palabra», es decir, se relaciona con Jesús como con un maestro, adoptando la postura de la discípula, que escucha sentada a sus pies (*pròs toús pòdas*; cf. Hch 22,3, donde Pablo se presenta a sí mismo como «instruido a los pies [*parà toús pòdas*] de Gamaliel»). El de María es un gesto que las mujeres no debían hacer, porque no les correspondía ser instruidas por un maestro. Sin embargo, ella sabe lo que quiere, por esto se dispone a escuchar la enseñanza y la interpretación de las Escrituras que hace Jesús, con los ojos fijos en su rostro y los oídos pendientes de sus labios, y adopta la postura y el estatus de la discípula, sin temor a infringir la norma ya citada: «Más vale quemar las palabras de la Torá antes que confiarlas a una mujer». Esta es «la parte buena» (en el texto griego no aparece el comparativo «mejor») elegida por María, la «porción» (*merís*) reservada a ella: este último término evoca la posesión, el tesoro, la herencia, la porción de la tierra entregada a cada familia de Israel en el momento de la conquista de Canaán, la porción que para el levita y el sacerdote es el Señor mismo (cf. Sal 16,5; 73,26; 142,6; Lam 3,24), la porción de la retribución escatológica. María ha elegido la porción buena, que es don de Dios y según su voluntad.

Mientras María escucha a Jesús, su hermana Marta está ansiosa, demasiado preocupada por el recibimiento. El evangelio dice que Marta está atareada, es decir, que va de acá para allá (este es el significado del verbo *perispáo*); absorbida por demasiados quehaceres, olvida lo esencial de la acogida, el huésped y la escucha. Quiere acoger bien a Jesús, y esto es bueno, pero llevada por su deseo se deja distraer y dominar por las acciones que hay que realizar. Esa ansiedad provoca una conducta de nerviosismo, de frustración, que la impulsa a decir palabras poco amables, sobre todo a Jesús: «Señor, ¿es que no te importa que mi hermana me deje sola con todo el trajín de la casa? Dile que venga a echarme una mano». Marta acaba metiéndose con Jesús, implicándole indebidamente en esa relación de celos o de competencia entre hermanas. Ya no parece ser dueña de sí misma (¡ella, cuyo nombre significa literalmente «dueña»!) y contradice su verdadero deseo, que es servir amorosamente a Jesús. Nos encontramos ante una situación que todos conocemos bien, porque los conflictos familiares son muy parecidos a este: se considera que al otro no le importa nuestra situación, se sienten celos por lo que él vive y que nosotros no logramos vivir, prácticamente se compite por mostrar afecto a nuestro huésped... Marta es una mujer que se preocupa demasiado de sí misma, y su lenguaje la traiciona: «Mi hermana me deja sola con todo el trajín de la casa. Dile que venga a echarme una mano». Podríamos decir que tiene un horizonte limitado, un yo mínimo que compite con la hermana, pero sobre todo es víctima de la cultura dominante, que limitaba a las mujeres a roles muy precisos al servicio de la familia, de los padres y de los maridos.

Entonces interviene el Señor para responder a Marta con mucho afecto y hasta diría que con una pizca de ironía: «Marta, Marta, te afanas [verbo *merimnáo*] y te agitas [verbo *thorybázo*, un hápax del nuevo testamento] por muchas cosas». Este es el suave reproche, o mejor, el diagnóstico que Jesús propone a Marta. Como dice el apóstol Pablo en la Primera carta a los corintios, el cristiano ha de combatir la preocupación (*amérimnos*: 1Cor 7,32) para estar vigilante y no andar dividido (verbo *mérizo*: 1Cor 7,34), distraído (*aperispástos*: 1Cor 7,35). Las consecuencias de ello son la asiduidad con el Señor y la unificación de la persona. Cuidado, atención y servicio al otro son esenciales, pero cada acción ha de realizarse con inteligencia, con un esfuerzo de unificación de la persona, en quietud y paz. Existe una primacía de la escucha de la Palabra sobre las actividades cotidianas y también sobre las serviciales, diaconales, pero no una oposición en la que una excluiría a las otras; ningún totalitarismo en el servicio del Señor, pero el lugar preeminente hay que reservarlo a su escucha, a estar en su presencia. Podemos incluso preguntarnos: ¿había comprendido Marta que Jesús no había ido para que le sirvieran sino para servir (cf. Lc 22,27 y par.)? María, al escuchar su palabra, demuestra que lo ha entendido y, por tanto, elige la parte buena, hacerse discípula. Parece, en cambio, que Marta no creía poder ser discípula del Señor: ¡se contentaba con ser su sierva!

Como señalábamos al principio, durante siglos esta página se ha leído interpretando que Marta ejerce la función de la *diakonía*, reservada a las mujeres en el mundo, y que María es la idealización de la vida contemplativa, reservada a las mujeres dedicadas a la vida claustral. Oposición inaceptable, porque todo bautizado debe tener cuidado del otro, hermano o hermana, debe servirlo sin olvidar por ello la escucha de la Palabra. Escucha y servicio están ambos en el espacio del amor al Señor: aislados o contrapuestos no generan vida cristiana, sino ¡vida privilegiada o alienada! De modo que Jesús aprecia mucho que una mujer, María, por iniciativa propia se haga discípula suya y declara que esta es «la parte buena» (*agathè merís*) que no puede quitarse. De este modo, no desacredita el servicio, pero no lo antepone nunca a la escucha de la palabra del Señor, como dice el primer mandamiento, así considerado por él mismo: «Escucha Israel: Yahveh es nuestro Dios, Yahveh es único. Amarás a Yahveh, tu Dios, con todo tu corazón, con toda tu alma y con todas tus fuerzas» (Dt 6,4-5; Mc 12,29-30 y par.).

Ahora bien, ¿qué es la parte buena que no podrá ser quitada? Sin duda la elección de la escucha del Señor, pero una elección hecha en libertad. Todo le puede ser quitado al hombre o a la mujer, incluso la vida, pero la libertad interior de elección, que es la otra cara de la dignidad humana, nunca puede ser quitada, anulada, destruida. María ha demostrado ser capaz de ejercer esta libertad: no la ha mendigado ni pedido, sino que la ha ejercido. Y justamente donde hay Espíritu del Señor —dice el apóstol— hay libertad (cf. 2Cor 3,17). La libertad de hija de Dios (cf. Mt 17,26; Rom 8,21; Gál 5,1.13; 1Pe 2,16) María la ha ejercido dedicándose a la escucha de Jesús, haciéndose discípula suya, y esta conquista nunca le será quitada, ni aquí en la tierra ni en el Reino.

Por último, dado que esta página reflejaba y al mismo tiempo inspiraba la conducta de los creyentes frente a la hospitalidad ofrecida a los anunciadores del Evangelio, a los profetas itinerantes, a los mensajeros que pasaban por los pueblos y eran acogidos en casa por los cristianos, era importante decir sí a la *diakonía*, pero tras haber escuchado la palabra de Dios que la inspira y la ordena. De modo que este relato no instituye una vía de seguimiento perfecta, la vida contemplativa (¡que poquísimas personas pueden elegir!), y una vía de seguimiento menos perfecta, la del mundo, porque el servicio a los hermanos y a las hermanas, a todas las personas, es consustancial a toda forma de seguimiento de Cristo, que quiso identificarse con el necesitado y con el último. El día del juicio no habrá palabras del Hijo del hombre sobre la vida contemplativa o activa, sino solo palabras que reconocerán el amor, la caridad, la misericordia o, al contrario, su ausencia (cf. Mt 25,31-46).

La mujer encorvada

Un sábado, estaba [Jesús] enseñando en una sinagoga. Y precisamente había una mujer que desde hacía dieciocho años

> tenía una enfermedad por causa de un espíritu, y estaba toda encorvada, sin poder enderezarse de manera alguna. Cuando la vio Jesús, la llamó junto a sí y le dijo: «Mujer, ya estás libre de tu enfermedad». Le impuso las manos y al punto se enderezó y daba gloria a Dios. Pero el jefe de la sinagoga, indignado porque Jesús había curado en sábado, dirigiéndose al pueblo decía: «Seis días hay a la semana para trabajar; venid, pues, en ellos para ser curados, pero no precisamente en sábado». Pero el Señor le contestó: «¡Hipócritas! ¿Acaso cualquiera de vosotros, en sábado, no desata del pesebre su buey o su asno, para llevarlo a beber? Pues entonces a esta, que es hija de Abraham, a la que Satanás tenía atada desde hace dieciocho años, ¿no había que desatarla de esta atadura, aunque fuera en sábado?». Y al decir estas cosas, todos sus adversarios se sentían abochornados; pero el pueblo entero se alegraba por todas las maravillas que hacía. [Lc 13,10-17]

Solo Lucas narra este episodio ocurrido uno de los muchos sábados en que Jesús enseñaba en la sinagoga. Es el día santo del sábado, aquel en que los creyentes se reúnen para escuchar la palabra de Dios y para alabarle, darle gracias y pedir su intercesión. En la asamblea de los creyentes hay una mujer, aunque a las mujeres no se les imponía el precepto de participar en la liturgia del sábado. Pero esa mujer también quiere escuchar la Ley y a los Profetas, también quiere formar parte de la asamblea santa, también quiere rezar al Señor, pero está enferma, dominada «por un espíritu» que la mantiene encorvada: desde hace dieciocho años su espalda está bloqueada y no le permite mantenerse recta. Esta mujer, en realidad, es un icono de muchas otras mujeres encorvadas por la dureza de sus vidas, por el trabajo que se les impone, por las humillaciones y la prepotencia que sufren de parte de los hombres. Mantenerse rectos, con la frente alta, mirar a la cara al otro es el signo más característico de la dignidad de una persona; no es casual que el pensamiento judío distinguiera a los hombres y ángeles de los animales por su posición erecta.

Pues bien, esta mujer, a la que le resultaba imposible levantarse, sufre y, paralizada, acude a la liturgia con su desgracia, esperando el día en que resuene la palabra potente de Dios que le permita enderezarse y levantar la cabeza (cf. Lc 21,28). Encorvada como está, no ve a Jesús, pero Jesús la ve a ella, la distingue en su pobreza y la llama, la interpela. Ella permanece en el fondo de la sinagoga, en el recinto reservado a las mujeres, no en la asamblea santa constituida solo por hombres sin defectos físicos, según las normas judías. En esta situación, oye la voz de Jesús y se coloca delante de él. Entonces Jesús le dice: «Mujer, ya estás libre de tu enfermedad», le impone las manos, como para bendecirla, y obra en su favor con la potencia (*dýnamis*) de sus manos (cf. Lc 4,40; 5,13; 8,54; 14,4). Inmediatamente, la mujer se endereza, gracias a la poderosa palabra de Jesús y a su gesto: su debilidad se convierte en fuerza, de la postura encorvada pasa a la erecta, signo de resurrección, e inmediatamente reconoce la gloria de Dios.

Pero he aquí que el jefe de la sinagoga, encargado del orden en el espacio litúrgico, se indigna por lo ocurrido: de hecho, esto ocurre en sábado, día en el que nadie en Israel puede realizar actos de trabajo... ¡y curar es un acto médico! No se dirige a Jesús, sino al pueblo y tampoco de forma directa a la mujer, y protesta enérgicamente: «Seis días hay a la semana para trabajar; venid, pues, en ellos para ser curados, pero no precisamente en sábado». Y justamente a propósito de esta aplicación del mandamiento se produce el enfrentamiento entre el jefe de la sinagoga y Jesús que, como *Kýrios*, Señor, replica: «¡Hipócritas! ¿Acaso cualquiera de vosotros, en sábado, no desata del pesebre su buey o su asno, para llevarlo a beber?». Jesús pasa al ataque, recordando lo que hacen en el día de sábado todos los judíos que poseen animales, sin infringir por eso el mandamiento. Se pone así de manifiesto una paradoja escandalosa: para dar de beber a un animal, se lo desata, pero lo que se hace normalmente por el bien de un animal ¡no está autorizado en el caso de una criatura humana! Se malinterpreta el mandamiento, se desconoce su propósito y se niega radicalmente su espíritu. Esto sucedía entonces y sigue sucediendo ahora, porque las personas «religiosas», los «justos empedernidos», los observantes minuciosos de la ley, que siempre aparecen en cualquier tradición religiosa, ponen la ley por encima de las personas concretas, defienden los principios sin ver la realidad y son expertos en espiar las transgresiones más que en percibir el cumplimiento de la ley.

Entonces Jesús, con su autoridad de Señor, revela dos verdades decisivas. La primera es que esta mujer encorvada es «hija de Abraham», expresión que nunca aparece ni en el Antiguo Testamento ni en los escritos rabínicos. Luego revela que justamente el sábado, día del *shalom*, de la plenitud de la vida, exige que triunfen la salud, la vida plena, la liberación del mal. Jesús no elige curar en sábado para cuestionar el significado de este día según la Ley, sino precisamente para mostrar su objetivo, el fin para el que Dios lo quiso y lo dio a Israel: ¡que todo ser humano descanse en este séptimo día, viva con plenitud, celebre la vida, glorifique a Dios! Y esto vale igualmente para esta mujer, que también está, como todos los judíos varones «hijos de Abraham», en alianza con Dios aunque no esté circuncidada y, por tanto, no sea «hija del mandamiento».

Al ver y escuchar todo esto, el pueblo entero presente en la sinagoga se alegra por lo que Jesús hace y dice, mientras que sus adversarios se sienten abochornados y confundidos. En los oídos de los oyentes resuenan las palabras de esta mujer que, enderezada y con la cabeza levantada, glorifica públicamente a Dios, en voz alta, y también las palabras de Jesús que, mirándola a la cara, la proclama «hija de Abraham». Sí, las mujeres judías también son hijas de Abraham, una realidad evidente, aunque nunca reconocida mediante el uso de esta expresión. Toda mujer es, por tanto, «heredera de la promesa» (cf. Heb 6,17), en alianza con el Señor sin necesidad de la mediación de los hombres circuncidados. A todas las mujeres les dice Jesús: «¡Enderézate, levanta la cabeza, ponte en pie, no seas una mujer "encorvada"!».

La viuda pobre

> [Jesús] Estaba sentado frente al tesoro y observaba cómo la gente echaba en él monedas de cobre. Eran numerosos los ricos que echaban mucho. Llegó también una pobre viuda, que echó dos monedas muy pequeñas, equivalentes a un cuarto de as. Llamó entonces a sus discípulos junto a sí y les dijo: «Os aseguro que esta viuda pobre echó más que todos los demás en el tesoro. Porque todos ellos echaron lo que les sobraba; pero esta, de su pobreza, echó todo cuanto poseía, todo lo que tenía para vivir». [Mc 12,41-44; cf. Lc 21,1-4]

Jesús era un hombre atento, capaz de observar, distinguir y comprender lo que le rodeaba y lo que sucedía en su entorno. Captaba en profundidad la realidad, y esto le permitía interpretar las situaciones y penetrar en el corazón de las personas.

Lo sabemos por el episodio que nos cuenta Marcos y que repite también Lucas, con ocasión de una estancia de Jesús en el templo de Jerusalén, pocos días antes de ser apresado y condenado a muerte. Jesús en el templo enseñaba a las gentes y se enfrentaba a los maestros y a los rabinos, que a menudo polemizaban con él. Inmediatamente antes del fragmento reproducido, Jesús, tras haber observado lo que ocurría en aquel espacio, dice a sus discípulos que se guarden de los escribas, que se complacen en pasearse con amplias vestiduras, en acaparar los saludos en las plazas y en ocupar los primeros asientos en las sinagogas y los primeros puestos en los banquetes: lo hacen para parecer autoridades en materia de religión, para ser venerados y percibidos como maestros y creyentes ejemplares, pero en realidad son ladrones que devoran las casas de las viudas y, cuando rezan, lo hacen para mostrar a todos su piedad, alardean de su conducta para crear consenso a su alrededor, no conocen la distinción entre la exterioridad y la realidad de su corazón, porque no saben acceder a las profundidades del corazón. ¡Jesús predice su condena! (cf. Mc 12,38-40 y par.).

Luego se sienta delante del tesoro del templo y sigue observando. Muchos echan en las trece cajitas para limosna colocadas en el templo una gran cantidad de monedas, para que hagan mucho ruido, pero luego llega una viuda, sola, que se aproxima a una de las cajas y echa dos monedas de cobre, equivalentes a un cuarto de as: una suma insignificante, que ni siquiera hace ruido; una nimiedad, pero es todo lo que tiene. Jesús sabe reconocer la condición de pobreza de aquella mujer, sabe que forma parte de esos pobres del Señor —el huérfano, la viuda y el extranjero— que el mismo Dios quiere proteger y defender, porque su situación es de por sí un grito al cielo. Entonces Jesús, que la ha observado desde su llegada y la ha acompañado con la mirada hasta que ha depositado la ofrenda en la caja, llama a sus discípulos y pronuncia un apotegma con solemnidad, con autoridad de maestro: «Os aseguro que esta viuda pobre echó más que todos los demás en el tesoro. Porque todos ellos echaron lo que les sobraba; pero esta, de su pobreza, echó todo cuanto poseía, todo lo que tenía para vivir [*hólon tòn bíon autês*; literalmente: toda su vida]». Jesús ofrece una enseñanza decisiva y por esto quiere que los discípulos le escuchen con atención: ¡esta viuda pobre en realidad ha puesto en el tesoro más que nadie! Esta mujer ha dado todo lo que tenía —no lo sobrante, ¡sino lo necesario para vivir!— y todo lo que era, y así ha amado a Dios con todo el corazón, con toda su alma y con todos sus bienes, como exige el Shema' (cf. Dt 6,5).

Esta viuda, que se ha dirigido al templo para manifestar su amor a Dios, no entra en contacto con Jesús, no obtiene de él ninguna palabra y —cabe suponer— ni siquiera se da cuenta de que Jesús está allí y la ve. No es una mujer que conoce a Jesús y cree en él, es una hija de Israel que solo busca respetar la voluntad de Dios, que se entrega totalmente a él, que no grita lo que hace, que no manda tocar la trompeta delante de ella para hacerse notar (cf. Mt 6,2), sino que sigue las palabras de los profetas que proclaman que los pobres son preferidos y amados por Dios. Es una imagen del Israel pobre y fiel, que depende únicamente de Dios (cf. Sof 2,3;

3,12-13), es la contrafigura de los hombres religiosos que muestran la observancia de la Ley, descuidando «la justicia, la misericordia y la lealtad» (cf. Mt 23,23). Pero se parece también a muchos pobres de la tierra que, en su práctica religiosa o incluso en su «irreligiosidad», tratan de hacer el bien según su conciencia, y Jesús la señala como ejemplar, como practicante del bien, como modelo de entrega total.

Es importante el no-encuentro de Jesús con esta mujer y su reconocimiento, porque está escrito: «Dichoso el que socorre al indigente» (Sal 40 [41],2 LXX). Jesús recibe la beatitud y la dirige hacia esa mujer, que ha sabido dar todo lo que tenía hasta darse a sí misma, su mísera vida: se mantenía gracias a esas dos monedas, supo darlas y ahora es ensalzada como ejemplo de la caridad que «no busca su interés» (1Cor 13,5), la caridad del propio Cristo que dio su vida por la humanidad.

La mujer anónima que unge a Jesús en Betania

> Hallándose [Jesús] en Betania, en casa de Simón el leproso, mientras estaba a la mesa, vino una mujer con un frasco de alabastro, lleno de perfume de nardo auténtico, muy caro. Rompió el frasco de alabastro y derramó el perfume sobre su cabeza. Había algunos que entre sí comentaban indignados: «¿A qué viene este derroche de perfume? Podía haberse vendido por más de trescientos denarios y habérselos dado

a los pobres». Y se lo recriminaban. Pero Jesús dijo: «Dejadla, ¿por qué la molestáis? Ha hecho conmigo una buena obra. Porque a los pobres siempre los tenéis con vosotros y cuando queráis les podéis hacer el bien; pero a mí no me tendréis siempre. Ella ha hecho lo que ha podido, se ha adelantado a ungir mi cuerpo para la sepultura. Os lo aseguro: dondequiera que se predique el evangelio por todo el mundo, se hablará también, para recuerdo suyo, de lo que ella ha hecho». [Mc 14,3-9; cf. Mt 26,6-13]

Se trata de un episodio extraordinario y en muchos aspectos enigmático, pero que intriga al lector y le conmueve hasta el punto de no poder olvidarlo fácilmente. Marcos (y también Mateo) lo ha situado significativamente al comienzo del relato de la pasión de Jesús, de modo que parece una *mise en abyme*, según la expresión de André Gide, es decir, un recurso narrativo mediante el que una secuencia ejemplar condensa en sí el significado del suceso en que está colocada. Se trata, por tanto, de una profecía situada al inicio de la pasión, que concluirá con la fallida unción del cuerpo de Jesús por parte de las mujeres discípulas, que encontrarán la tumba vacía (cf. Mc 16,1-4).

En la última Pascua vivida por él, Jesús abandona Jerusalén y el templo donde enseñaba y se retira a Betania, una aldea situada en el monte de los Olivos, más allá del torrente de Cedrón (cf. Mc 11,11.19). Betania, es decir, la «casa del pobre», es la aldea donde vivían Lázaro, Marta y María, pero en esta ocasión Jesús es huésped de un tal Simón, que era leproso. El comienzo del relato ya nos intriga. Estamos en vísperas de las celebraciones pascuales, ¿y dónde está Jesús? En la «casa del pobre», en la casa de un leproso, un hombre impuro al que la Ley impedía incluso sentarse a la mesa. Jesús va hacia su pasión como siempre había vivido, entre pecadores, impuros, pobres, necesitados, marginados, y también morirá entre dos malhechores (cf. Mc 15,27 y par.): entre enfermos y no entre sanos, entre pecadores y no entre justos, como había dicho (cf. Mc 2,15-17 y par.).

Mientras Jesús es acomodado para comer, como está prescrito para la fiesta de Pascua (cf. Mishná, Pesachim 10,1), llega inesperadamente una mujer. No conocemos su nombre, ni de dónde viene, ni si es discípula de Jesús: es una mujer, ¡y es justamente una mujer la que profetiza sobre Jesús! Como no tiene acceso a la palabra, profetiza con un gesto muy elocuente, un acto simbólico que no necesita palabras para ser comprendido. Lleva consigo un frasco de alabastro que contiene perfume de nardo muy caro, valioso y muy puro. Y se acerca a Jesús, rompe el cuello del frasco y derrama el perfume sobre su cabeza. ¿Por qué lo hace? ¿Cuál es su intención? No lo sabemos, solo sabemos que un gesto así únicamente se hace por amor. Derramar perfume sobre la persona que amamos es un gesto amoroso, gratuito, es ofrecerle nuestro amor sin pretender nada, renunciando incluso a tocar, a palpar al amado. ¡Amor como perfume que se expande (*oleum effusum*: Cant 1,3)! Es cierto que derramar aceite perfumado sobre la cabeza evoca la unción del Mesías (cf. 1Sam 16,13; Sal 2,6), del profeta (cf. Is 61,1) y del sacerdote (cf. Esd 29,7), pero si hubiera esta conciencia por parte de la mujer, sería un reconocimiento de la misión de Jesús, no su atribución. Podemos captar en esta mujer incluso una visión de los hechos que esperan a Jesús, una capacidad de preverlos e interpretarlos como ineluctables y decisivos: sabe anticipar con un gesto la unción normalmente reservada a los muertos.

Nos corresponde a nosotros captar sobre todo el amor gratuito de la mujer a Jesús, la intuición de que está yendo hacia la muerte y de que, por tanto, hay que darle una señal de afecto, de consuelo, como si le dijera: «Te amo hasta la muerte y te unjo con perfume para manifestar cuánto deseo que tu cuerpo no se corrompa». Perfume precioso derramado, como el cuerpo de Jesús será entregado y su sangre derramada. Este gesto se basta a sí mismo, porque el amor se basta a sí mismo (*amor sibi sufficit*, como decía Bernardo de Claraval). En aquella penumbra vespertina, mientras Jesús se sienta a la mesa con los pecadores y con los discípulos que no le comprenden ni tienen fe en él, esa mujer anónima provoca la epifanía del amor, celebra el amor, profetiza que Jesús está a punto de dar la vida amando «hasta el final» (*eis télos*: Jn 13,1).

Pero el gesto de la mujer inmediatamente escandaliza a algunos presentes, que se indignan con ella: «¿A qué viene este derroche de perfume? Podía pues haberse vendido por más de trescientos denarios y habérselos dado a los pobres». Primero murmuran entre sí, luego tratan mal a la mujer, incapaces de comprender su gesto. ¿Por qué? Son hombres que no conocen el amor, tal vez conocen la caridad, pero la que se ajusta a sus principios y a sus pensamientos. Según ellos, se ha producido un derroche inútil, de más de trescientos denarios, el salario medio anual de un trabajador: ese perfume podía haberse vendido y, con el dinero obtenido, dar limosna a los pobres, como era costumbre sobre todo en los días pascuales, para que estos también pudiesen celebrar la fiesta. Dar a los pobres es un mandamiento que no solo está prescrito por la Torá, sino que era una exigencia que el propio Jesús impuso al hombre rico para seguirle (cf. Mc 10,21 y par.). Por tanto —razonan ellos— esto es lo que había que hacer, no derrochar perfume precioso sobre la cabeza de Jesús: porque además, una vez que se ha derramado el perfume, se ha derramado para siempre… Así se revela la incomprensión de estos murmuradores respecto a Jesús: no le aman, pero sobre todo no saben ver en Jesús al pobre que, despojado de todo, va hacia la pasión y la muerte.

Entonces Jesús defiende a la mujer pidiendo que no la molesten, luego intenta que entiendan el sentido de su gesto: ha sido «una buena obra» (*kalòn érgon*), consecuencia de su buen criterio. Los pobres siempre estarán con nosotros («nunca faltarán menesterosos en el país»: Dt 15,11), mientras que el cuerpo de Jesús ¡ya no está entre nosotros! Es decir, sin duda hay un mandamiento que cumplir —dar a los pobres—, pero esto siempre es posible, mientras que ese gesto de amor a Jesús solo era posible en la hora que precedía a su pasión: no habría sido posible ni siquiera en el momento de su sepultura, porque aquella tarde comenzaría el sábado, el día del descanso (cf. Mc 15,42). Aquella mujer lo intuyó —«¡Ahora o nunca!»— y, empujada por el amor profundo a Jesús, siguió ese impulso sin establecer por ello una competencia entre ese amor y el amor al pobre, ya que el propio Jesús era un pobre que lloraba en el camino de la cruz. Aquella mujer «hizo todo lo que podía», como la viuda pobre que, al echar dos monedas en el tesoro del templo, suscitó el comentario de Jesús: «Echó todo cuanto poseía, todo lo que tenía para vivir». Por tanto, declara Jesús, la unción practicada sobre él por la mujer no es un derroche sino una buena obra: dar todo lo que se tiene, hacer todo lo que se puede, esto es decisivo en el amor y en el servicio al otro. Y si el cuerpo de Jesús no es ungido después de su muerte no es porque sea un malhechor: ya ha sido ungido por anticipado por una mujer que ama y profetiza.

Y esta es, por último, la palabra autorizada de Jesús: «Os lo aseguro: dondequiera que se predique el evangelio por todo el mundo, se hablará también, para recuerdo suyo, de lo que ella ha hecho». «Para recuerdo suyo», palabras tan parecidas a las pronunciadas por Jesús en la última cena: «En memoria mía» (Lc 22,19; 1Cor 11,24.25). Sí, dondequiera que suene el evangelio siempre se hace en recuerdo de él, Jesús muerto, sepultado y resucitado, «hasta que venga» (1Cor 11,26); pero también se la recuerda a ella, la mujer anónima, amante y profetisa por amor. El lector sabe que la continuación de este relato es la entrega de Jesús a los jefes de los sacerdotes por parte de Judas Iscariote, uno de los Doce (cf. Mc 14,10 y par.), que lo vende por trece denarios, una décima parte del precio del perfume (cf. Mt 26,15; Zac 11,12-13). ¡Pero el gesto de la mujer de Betania perfuma todo el relato de la pasión!

Las mujeres apóstoles del Resucitado

Las mujeres discípulas venidas de Galilea estaban presentes cuando Jesús murió en la cruz —como ya hemos visto— y, por tanto, fueron testigos. Es cierto que los nombres de estas mujeres cambian en los tres evangelios sinópticos, pero entre ellas siempre está María Magdalena, que en el cuarto evangelio se convierte en la discípula representativa de todas las otras (cf. Jn 19,25; 20,1-2.11-18), y es sin duda un signo de la importancia que tenía en el grupo de los apóstoles y en la memoria de la Pascua de muerte y resurrección de Jesús. Estas mujeres —precisan los evangelistas— «estaban mirando dónde lo ponían» (Mc 15,47), «estaban allí sentadas frente al sepulcro» (Mt 27,61), «observaron el sepulcro y cómo quedaba colocado el cuerpo de Jesús» (Lc 23,55).

Las mujeres discípulas siempre siguieron a Jesús con continuidad y perseverancia hasta el sepulcro, a diferencia de los discípulos que le abandonaron en el momento de la detención en Getsemaní (cf. Mc 14,50; Mt 26,56). Precisamente estas mujeres, y solo ellas, se mantuvieron fieles al maestro en cuyo seguimiento habían participado; por tanto, solo ellas pueden ser testigos de la pasión, muerte y sepultura de Jesús, sepultura digna de un hombre justo, no de un malhechor que no la merecía y por eso acababa en una fosa común. En su permanencia junto a Jesús no hay interrupción entre su muerte y su resurrección. Algunas —porque hay «otras muchas» (Mc 15,41)— tienen un rostro y un nombre concretos: María Magdalena, María la madre de Santiago y de José, la madre de los hijos del Zebedeo, Salomé y Juana. La noche de la muerte de Jesús, viernes 7 de abril del año 30 de nuestra era, abandonan la tumba para regresar al lugar donde estaban alojadas y respetan el descanso sabático, de aquel gran sábado que coincidía con la Pascua.

Pero al amanecer del primer día de la semana acuden de nuevo a la tumba. ¿Para qué? Según Mateo, María Magdalena y la otra María van a ver el sepulcro. Y entonces las sorprende un gran terremoto: un ángel del Señor luminoso y resplandeciente, bajado del cielo, hace rodar la piedra y se sienta sobre ella (cf. Mt 28,1-4): una teofanía bíblica clásica en la que el terremoto, la luz deslumbrante y el consiguiente espanto son signo de la intervención divina. Luego el ángel empieza a hablar y dice a las mujeres:

> Vosotras no tengáis ya miedo, pues bien sé que buscáis a Jesús, el crucificado. No está aquí, porque ha resucitado, como dijo. Venid y ved el sitio donde yacía. Ahora, id de-

> prisa a decir a sus discípulos: «Ha resucitado de entre los muertos». Mirad que va antes que vosotros a Galilea, allí lo veréis. [Mt 28,5-7]

Según Marcos, las mujeres —María Magdalena, María madre de Santiago el menor y Salomé— van al sepulcro para ungir con perfumes el cadáver de Jesús, y durante el camino se preguntan quién podrá hacer rodar la piedra grande que cubre el sepulcro. Una vez llegadas allí, encuentran la tumba vacía y, tras haber entrado, ven a un joven sentado a la derecha, vestido de blanco, y tienen miedo (cf. Mc 16,1-4). Pero él les dice:

> Dejad ya vuestro miedo. Buscáis a Jesús, el Nazareno, el crucificado. Ha resucitado, no está aquí; este es el lugar donde lo pusieron. Pero id a decir a sus discípulos, y a Pedro, que él irá antes que vosotros a Galilea; allí lo veréis, según él mismo os dijo. [Mc 16,5-7]

Según Lucas, «las mujeres que habían acompañado a Jesús desde Galilea» (Lc 23,55) se dirigen al sepulcro llevando sustancias aromáticas que habían preparado. Vieron que la piedra había sido retirada, entraron y no encontraron el cuerpo del Señor Jesús. Mientras están desconcertadas por esto, se les presentan dos hombres con vestiduras deslumbrantes. Asustadas, bajan la vista hacia el suelo (cf. Lc 24,1-5), pero esos hombres les dicen: «¿Por qué buscáis entre los muertos al que está vivo? No está aquí, sino que ha resucitado. Acordaos de cómo os anunció, cuando estaba todavía en Galilea, que el Hijo del hombre había de ser entregado en manos de hombres pecadores y había de ser crucificado, pero que al tercer día había de resucitar. Entonces ellas recordaron sus palabras» (Lc 24,5-8). Es la prueba de que ellas también habían escuchado todas las enseñanzas de Jesús.

Estos son los tres relatos de los sinópticos que quieren dar testimonio del nacimiento de la fe en la resurrección de Jesús por parte de las mujeres. El lenguaje de los relatos es teofánico: los signos de una acción realizada por Dios (la piedra retirada de la entrada del sepulcro); la tumba vacía sin el cadáver de Jesús, que ellas habían visto depositar; la presencia de mensajeros (un ángel, un joven, dos hombres) intérpretes de la tumba vacía y capaces de anunciar. En resumen, Jesús muerto en la cruz ya no está entre los muertos sino que ha sido «levantado», resucitado por Dios y por tanto, está vivo. Esas mujeres, que habían seguido a Jesús escuchando su Evangelio y su profecía, recuerdan sus palabras, las comparan con las sagradas Escrituras, la Ley y los Profetas (Moisés y Elías, representados por los dos hombres presentes en Lucas: cf. Lc 9,30-32; 24,4), y se convierten en testimonios de la resurrección de Jesús. Precisamente ellas, discípulas perseverantes, tienen la misión de llevar la noticia a Pedro y a los otros y, por tanto, de ir a Galilea, la tierra de los gentiles, para ver de nuevo a Jesús, que precede siempre a los discípulos y discípulas, dondequiera que vayan.

Sí, justamente a las mujeres discípulas les está reservado el primer testimonio de la victoria de Jesús sobre la muerte: lo que humanamente es increíble, inaudito e indecible es un anuncio confiado a las mujeres, cuyo testimonio era considerado por los hombres de la época no válido desde un punto de vista jurídico. Acuden a la tumba, en cuanto es posible y la Ley lo permite, para observar una vez más el sepulcro, para estar con Jesús, ya muerto, y para darle una señal de su amor ungiendo su cuerpo con perfumes: en cambio, ahora han de revelar la acción de Dios que ha resucitado a Jesús. Dios ha obrado, y ellas ya nada tienen que hacer con el cuerpo de Jesús... La resurrección de Jesús trastorna a esas mujeres, llenas de temor, de miedo ante la absurdidad de aquello que creen ya de todo corazón. Según Marcos, huyen del sepulcro enmudecidas y sobrecogidas, y no comunican a nadie el hecho del que tienen certeza (cf. Mc 16,8), probablemente repitiéndose unas a otras las palabras de Isaías: «¿Quién creyó nuestras noticias?» (Is 53,1); según Lucas, abandonan el sepulcro para ir a anunciar a los Once y a los demás aquello de lo que han sido testimonios (cf. Lc 24,9); según Mateo, mientras las mujeres se dirigían con gran temor y alegría a dar la noticia a los discípulos (cf. Mt 28,8), «Jesús les salió al encuentro y las saludó: "¡Salve!" [*chaírete*]. Ellas se acercaron, se abrazaron a sus pies y le adoraron» (Mt 28,9). Como son mujeres, parece que prefieren la experiencia táctil: tocan los pies del Resucitado, lo abrazan, pero esta experiencia de un «cuerpo espiritual» (1Cor 15,44.46) está hecha con los sentidos esrituales. El ángel había prometido a las mujeres: «Lo veréis en Galilea» (Mt 28,7), y las mujeres ven y adoran a Jesús en Galilea, imagen de la iglesia de los gentiles, la tierra de la evangelización y de la misión hasta el final de los tiempos (cf. Mt 28,19). Las mujeres discípulas, primeras destinatarias del anuncio pascual, se convierten en apóstoles, es decir, enviadas por el propio Resucitado a los once apóstoles, para llevarles el Evangelio del Evangelio, la buena nueva de la buena nueva: «¡Jesucristo ha resucitado y vive para siempre!».

Este es el testimonio de los evangelios, duro e indestructible como una roca. Pero hay que decirlo, a modo de comentario de esta lectura: ¡pobres mujeres! Marcos termina su evangelio recordándolas enmudecidas y sobrecogidas, sin poder pronunciar palabra a causa del miedo (cf. Mc 16,8). Mateo ni siquiera explica cómo anunciaron a los once discípulos la buena nueva, solo dice que estos «fueron a Galilea, al monte que Jesús les había señalado» a través de las mujeres, «y cuando lo vieron, lo adoraron, aunque algunos estaban indecisos» (Mt 28,16-17). Lucas afirma que las mujeres se lo cuentan a los Once (cf. Lc 24,10), pero observa que «estas palabras les parecían un desvarío y no les daban crédito» (Lc 24,11). El testimonio de las mujeres es un fracaso debido a la incredulidad de los Once. Solo Pedro les da cierto crédito y corre hacia el sepulcro para comprobar la veracidad de sus palabras: ve la tumba vacía y los lienzos, y regresa a casa maravillado, sin confesar la resurrección de Jesús (cf. Lc 24,12). A la falta de fe en el anuncio de las mujeres le sucede el asombro por lo que ha visto y que confirma sus palabras. Podríamos incluso preguntarnos: ¿ese *apêlthen pròs autòn*, referido a Pedro, significa únicamente «volvió a su casa», o también «volvió en sí mismo», o tal vez «fue hacia sí mismo», como Dios invitó a Abraham a hacer (cf. Gen 12,1)? Luego, prosigue Lucas, Jesús se apareció a dos discípulos que se dirigían a Emaús (cf. Lc 24,13-33), reticentes también a creer a «algunas mujeres de nuestro grupo» (vv. 22-24), que, de regreso a Jerusalén, oyen de boca de los Once el anuncio pascual: «¡Es verdad! El Señor ha resucitado y se ha aparecido a Simón» (Lc 24,34), y finalmente explican lo que les ocurrió en el camino y cómo habían reconocido al Resucitado al partir el pan (cf. Lc 24,35).

¡Sobre el anuncio pascual hecho a las mujeres se ha hecho el silencio! Su relato se ha olvidado, su primer anuncio de la resurrección ya no vuelve a citarse. Lo mismo ocurre en el que cronológicamente es el primer *kérygma* de la resurrección que Pablo pone por escrito: «Cristo [...] al tercer día fue resucitado según las Escrituras, se apareció a Cefás y después a los Doce; más tarde se apareció a más de quinientos hermanos juntos» (1Cor 15,3-6). ¿Dónde están las primeras apariciones, las apariciones a las mujeres? En la historia escrita por los hombres son decisivos esos quinientos hermanos de los que nada se sabe, y no las mujeres discípulas, de las que sabemos el nombre y que estuvieron junto a Jesús. No olvidemos que Celso, el filósofo pagano que a finales del siglo II protagonizará una dura polémica contra el cristianismo, ¡reprochará a la fe cristiana justamente estar basada en la palabra de las mujeres (cf. Orígenes, *Contra Celso* II, 55)! Existe un paralelismo significativo con lo que se lee en Mt 27,62-63: ¡los enemigos, y no los discípulos, se acuerdan de la verdad! Los discípulos han olvidado tanto la promesa-profecía de la resurrección como el anuncio de la misma hecho por las mujeres. Sin embargo, no puede borrarse de los evangelios lo que sucedió. La fe pascual fue anunciada ante todo por las mujeres discípulas: ellas fueron apóstoles de Cristo para los apóstoles.

Jesús y las mujeres en el cuarto evangelio

En el evangelio según Juan intervienen algunas figuras femeninas desconocidas en los sinópticos. El mejor ejemplo es el de la samaritana [...]. Además, cuando pone en escena figuras femeninas ya conocidas, como la madre de Jesús, Marta y María o María Magdalena, el papel que les otorga el cuarto evangelio es de una importancia excepcional.

MICHEL GOURGUES

En el cuarto evangelio, el evangelio según Juan, la presencia de las mujeres cobra mayor relevancia que en los sinópticos, no solo cuantitativamente sino sobre todo cualitativamente. Las figuras femeninas están tratadas con extensión y precisión, tienen una personalidad bien definida, son sujetos de diálogo y de confrontación con Jesús. Pero lo que las distingue en particular respecto a las mujeres que aparecen en los sinópticos es que son figuras simbólicas o, mejor dicho, paradigmáticas. No es que su figura histórica resulte atenuada, sino que en el cuarto evangelio cada personaje excede de su identidad y se convierte también en representativo de un tema más amplio: como María Magdalena, que representa a todas las mujeres discípulas presentes en la muerte de Jesús y convertidas en las primeras destinatarias del anuncio pascual.

La decisión de este evangelista de hacer que Jesús establezca siempre el diálogo con una sola persona facilita la confrontación reveladora con él y, al mismo tiempo, convierte en ejemplares a los distintos personajes. En el cuarto evangelio las mujeres aparecen en escena, se encuentran con Jesús, se convierten en creyentes, discípulas e incluso en sus testimonios, misioneras, luego desaparecen en silencio, pero siguen siendo, hasta el día de hoy, mujeres capaces de dar testimonio de su verdadera identidad: lo definen como el Mesías, el Hijo de Dios que ha venido al mundo, el Señor. El lector debe prestar atención al cambio de interpretación necesario cuando se lee el cuarto evangelio, el «otro» evangelio. Las mujeres que en él aparecen son la madre del Señor (Jn 2,1-12; 19,25-27), la samaritana (Jn 4,3-42), la mujer sorprendida en adulterio (Jn 8,1-11), las hermanas Marta y María (Jn 11,1-12,8) y María Magdalena (Jn 19,25; 20,1-2.11-18). Dejando de lado, como hemos dicho al comienzo, a la madre del Señor en su unicidad, pasemos a considerar a las otras mujeres mencionadas.

La mujer samaritana

> [Jesús] Abandonó Judea y se fue de nuevo a Galilea. Para ello debía atravesar por Samaria. Llega pues a una ciudad de Samaria, llamada Sicar, cerca de la finca que Jacob dio a su hijo José. Allí estaba el pozo de Jacob. Jesús, fatigado del camino, se había sentado junto al pozo. Era alrededor de la hora sexta. Llega una mujer de Samaria a sacar agua. Dícele Jesús: «Dame de beber». Pues sus discípulos habían ido a la ciudad a comprar alimentos. Entonces le pregunta la mujer samari-

tana: «¿Cómo tú, siendo judío, me pides de beber a mí, que soy samaritana?». Porque los judíos no se tratan con los samaritanos. Jesús le respondió: «Si conocieras el don de Dios y quién es el que te dice "Dame de beber", serías tú la que le habrías pedido y él te habría dado agua viva». Ella le contesta: «Señor, ni siquiera tienes cubo, y el pozo es profundo. ¿De dónde, pues, vas a sacar tú esa agua viva? ¿Acaso eres más tú que nuestro padre Jacob, que nos dio este pozo, del cual bebió él, y bebieron sus hijos y sus ganados?». Jesús le respondió: «Todo el que beba de esta agua volverá a tener sed; pero el que beba del agua que yo le daré ya no tendrá sed jamás, pues el agua que yo le daré se convertirá, dentro de él, en manantial de agua que brote para la vida eterna». Dícele la mujer: «Señor, dame de esa agua, para que yo no sienta ya más sed, ni tenga que venir aquí a sacarla». Él le contesta: «Anda, llama a tu marido y vuelve aquí». La mujer respondió: «No tengo marido». Jesús le replicó: «Con razón has dicho "No tengo marido". Porque cinco maridos tuviste, y el que ahora tienes no es tu marido; en eso has dicho la verdad». Respóndele la mujer: «Señor, estoy viendo que tú eres profeta. Nuestros padres adoraron en este monte, pero vosotros decís que es Jerusalén el lugar donde se debe adorar». Contéstale Jesús: «Créeme, mujer, llega la hora en que ni en este monte ni en Jerusalén adoraréis al Padre. Vosotros adoráis lo que no conocéis; nosotros adoramos lo que conocemos, pues la salvación viene de los judíos. Pero llega la hora, ya ha llegado, en que los verdaderos adoradores darán culto al Padre en espíritu y en verdad; porque esos son precisamente los adoradores que el Padre desea. Dios es espíritu, y los que lo adoran tienen que adorarlo en espíritu y en verdad». Dícele la mujer: «Yo sé que el Mesías, el llamado Cristo, está por venir; cuando él llegue, nos lo explicará todo». Respóndele Jesús: «Soy yo, el que está hablando contigo».

En aquel momento llegaron sus discípulos y se quedaron sorprendidos de que estuviera hablando con una mujer. Sin embargo, ninguno le preguntó: «¿Qué es lo que deseas?» o «¿Qué estás hablando con ella?». La mujer, entonces, dejó allí su cántaro, se fue a la ciudad, y comenzó a decir a la gente: «Venid a ver a un hombre que ha adivinado todo lo que he hecho. ¿No será el Cristo?». Salieron de la ciudad y fueron hacia él.

Entretanto los discípulos le rogaban: «*Rabbí,* come». Pero él les contestó: «Yo tengo para comer un alimento que vosotros no conocéis». Los discípulos se preguntaban unos a otros: «¿Le habrá traído alguien algo de comer?». Jesús les respondió: «Mi alimento es hacer la voluntad del que me envió y llevar a término su obra. ¿No decís vosotros: "Todavía faltan cuatro meses para que llegue la siega?". Pues bien, yo os digo: levantad vuestros ojos y mirad los campos; ya amarillean para la siega. Ya el segador recibe su salario y recoge el fruto para la vida eterna, de suerte que lo mismo se alegren el que siembra y el que siega. Porque en esto se cumple el proverbio: uno es el que siembra y otro es el que siega. Yo os envié a cosechar lo que vosotros no habéis trabajado; otros realizaron su trabajo, y de él os habéis aprovechado vosotros».

Muchos samaritanos de aquella ciudad creyeron en él por las palabras de la mujer, que atestiguaba: «Me ha adivinado todo lo que he hecho». Por eso, cuando los samaritanos llegaron ante él, le rogaban que se quedara con ellos. De hecho, se quedó allí dos días. Y fueron muchos más los que creyeron por su palabra, de suerte que le decían a la mujer: «Ya no creemos solo por lo que tú nos has referido, pues nosotros mismos le hemos oído y sabemos que él es, verdaderamente, el Salvador del mundo». [Jn 4,3-42]

Desde Jerusalén, donde ha celebrado la Pascua y se ha encontrado de noche con Nicodemo (cf. Jn 3,1-21), Jesús regresa a Galilea. Habría podido hacerlo remontando el valle del Jordán desde el mar Muerto hasta el lago de Galilea. El camino era más llano, más seguro y permitía evitar el paso por Samaria, cuyos habitantes mantenían una enemistad secular hacia los judíos —que los consideraban impuros y heréticos— hasta el punto de hostigarlos cuando cruzaban sus territorios para ir a Jerusalén (como le ocurrió al propio Jesús; cf. Lc 9,52-53). En cambio, nos dice el texto, Jesús «debía» (*édei*) pasar por Samaria, un «deber» que expresa una necesidad divina: en acto de obediencia a Dios, justamente porque su misión no afectaba solo a los judíos, Jesús con un objetivo determinado e importante atraviesa esa tierra para llevar a cabo su misión (cf. Jn 4,34; 5,30; 6,38). Por esto será insultado y acusado por quien no entiende su conducta: «¡Tú eres samaritano y estás endemoniado!» (Jn 8,48), peor que un extranjero y que un idólatra. Sin embargo Jesús acepta encontrarse con los que son considerados enemigos, pecadores impíos; es más, va a buscar a ese pueblo abandonado y despreciado y se hace samaritano entre los samaritanos, deteniéndose junto a un pozo, como el samaritano de la parábola se detuvo junto al que había sido golpeado por unos ladrones (cf. Lc 10,33-35).

Jesús llega a Samaria a la hora más calurosa del día y se sienta junto al pozo de Sicar, el pozo de Jacob (cf. Gn 33,18-20): está cansado y sediento, pero no tiene ningún medio para sacar el agua. Llega una mujer que, tal vez por su conducta inmoral conocida por todos, se ve obligada a salir a esta hora para no toparse con los que la desprecian. Presentándose ante ella como un mendigo, Jesús le pide hospitalidad, dirigiéndole una pregunta que revela toda su autoridad, su capacidad para enaltecer al otro (como indica el término latino *auctoritas*, de *augere*): «Dame de beber», comparte conmigo el agua... La petición de Jesús sorprende a la mujer: para los judíos, los samaritanos no solo eran enemigos, sino sobre todo personas despreciables, por considerarlos infieles a la alianza, idólatras, impuros y repulsivos. El libro del Eclesiástico formula sobre ellos un juicio lapidario: «un pueblo insensato, no es nación» (cf. Eclo 50,25-26). En cuanto a las mujeres samaritanas, la Mishná las considera «impuras de nacimiento» (Niddah 4,1), indignas de recibir una palabra, sobre todo de un judío.

De ahí que esta mujer, asombrada por ese contacto, rebate: «¿Cómo tú, siendo judío, me pides de beber a mí, que soy samaritana», por tanto, enemiga, impura, idólatra? ¡Qué manera de rebajarse y qué condescendencia! Esto conmueve a la mujer y suscita una dinámica de encuentro, de relación, de confrontación, en un cara a cara cordial, sin ninguna barrera. Entre Jesús y la mujer ha caído derribado un muro de separación (cf. Ef 2,14), incluso dos: un muro debido a la enemistad entre samaritanos y judíos y un muro cultural y religioso de desigualdad injusta, que impedía a un hombre, especialmente a un rabino, conversar con una mujer. Pero si una persona no puede ir hacia Dios, Dios va hacia esa persona, la busca, porque nadie puede ser excluido de su amor: esto es lo que nos dice Jesús con su conducta.

Jesús, una vez que ha intuido que el diálogo promete ser un diálogo verdadero, de calidad, empieza a despertar la curiosidad de la mujer: «Si conocieras el don de Dios y quién es el que te dice "Dame de beber", serías tú la que le habrías pedido y él te habría dado agua viva». Se apela a la ignorancia, a la falta de conocimiento de la mujer. La mujer tiene sed, Jesús tiene sed, pero en realidad, ¿quién da de beber a quién? Hay una sed de agua por parte de Jesús y de la mujer porque hace calor, pero también hay otra sed que va emergiendo poco a poco... Jesús sabe que existe una sed más profunda que la simple sed de agua y sabe que el pozo simboliza la Torá, esa parte de las Escrituras que precisamente para los samaritanos era la única que contenía la palabra de Dios y la que debían respetar para vivir como creyentes y obtener la salvación. Jesús también sabe que esta mujer, imagen de la

Samaria adúltera (cf. Os 2,7), ha intentado saciar su sed por vías equivocadas: ha tenido varios hombres, ha bebido toda clase de agua, víctima y artífice de amores equivocados...

En vez de juzgar a esta mujer, intentemos interpretar su sed insaciable que justifica acudir al pozo a la hora más calurosa del día. Desea el agua y recorre el camino de la necesidad, tratando de satisfacer su ansia como puede. Demasiados comentaristas descargan su violencia sobre esta mujer, cubriéndola de adjetivos insultantes. En realidad, es una pobre mujer que sufre y ha sufrido, antes de ser una pecadora. ¿Quién puede decir por qué ha llegado a esta última convivencia? ¿Han muerto los anteriores maridos? ¿O tal vez la han repudiado? En cualquier caso, repito, es una mujer que ha sufrido mucho antes de ser una pecadora; es una mujer que buscaba amor, capaz de confiar una y otra vez en un hombre, hasta el punto de ir de uno a otro, sin encontrar nunca ese amor... ¿Por qué condenamos con vehemencia siempre que una mujer mantiene, o creemos que mantiene, relaciones sexuales irregulares? Esta enorme injusticia —ese instinto de condena solo va dirigido a las mujeres y no a los hombres— es una auténtica traición del espíritu, de la voluntad y del estilo de Jesús. Los pecados de esta mujer a lo sumo son consecuencia de la infelicidad, de la soledad, de la debilidad, y Jesús siempre muestra una gran misericordia ante esos pecados, y en cambio no se muestra tan indulgente con los pecados de hipocresía, de orgullo religioso (cf. Lc 11,39-52); y respecto a la codicia y a la avidez de dinero (cf.

Lc 12,13-21) plantea incluso una disyuntiva, la única: «No podéis servir a Dios y al dinero» (Lc 16,13; Mt 6,24). En esta mujer estamos nosotros con nuestra sed y nuestras maneras equivocadas de saciarla: ¿en qué pozos bebemos, a qué cisternas agrietadas acudimos (cf. Jr 2,13), con qué aguas de muerte pretendemos saciarnos, en vez de volvernos hacia el Señor, «fuente de agua viva» (Jr 2,13), «fuente de la vida» (Sal 36,10)? ¿Dónde buscamos amor y vida? ¿Acaso no somos todos vagabundos en busca de amor, a veces en la dirección equivocada, pero siempre de amor?

Por eso Jesús le desvela su ignorancia, su falta de conocimiento, pero no lo hace con un reproche —«¿Tú eres maestro de Israel y no lo sabes?» (como le dijo al experto en las Escrituras, al hombre religioso y culto Nicodemo; cf. Jn 3,9)—, sino con una invitación: «¡Si conocieras el don de Dios!». Quiere despertar en ella el deseo, quiere hacerle entrever la belleza posible de las relaciones, la gratuidad del amor. El verdadero clima de un encuentro no permite reproches, sino que intenta mostrar el don, dar a conocer la belleza, suscitar la nostalgia por un agua que ella no posee, que nadie puede conseguir por sí mismo, sino que solo puede recibirse como don. No hay que pretender nada, ni imponer o declarar con firmeza, sino que hay que dar, ofrecer un don al otro, sobre todo si este es desconocido y «lejano»... El Dios de Jesús es un «Dios» que ante todo «es amor» (1Jn 4,8.16) y que se relaciona con el pecador haciéndole siempre ofrendas, dones. No divide a los humanos en pecadores y justos, practicantes y distantes, dignos e indignos, merecedores y no merecedores, porque tiene en cuenta la situación de necesidad, el sufrimiento, la dificultad de los seres humanos.

La mujer samaritana, llena de curiosidad, quiere saber más: «¿De dónde, pues, vas a sacar tú esa agua viva? ¿Acaso eres más tú que nuestro padre Jacob?». El patriarca Jacob no solo había excavado aquel pozo profundo, sino que según la tradición judía tenía el poder de hacer brotar el agua del pozo con su simple presencia. ¿Es Jesús más grande que Jacob? ¿Podrá dar el agua que sale del pozo, agua viva, que mana? Ahora comprendemos también la sed de Jesús, sed manifestada a la samaritana, sed gritada desde la cruz antes de morir (cf. Jn 19,28; Sal 42,3). Esta sed es también hambre de un alimento que ni siquiera sus discípulos reconocen en aquel momento, es una auténtica pasión, es un deseo profundo e incontenible de encontrarnos a nosotros, hombres y mujeres, a cada uno de nosotros, para ofrecernos su amor: ¡esto es para él cumplir la voluntad de Dios! Jesús siente una pasión loca de amor por nosotros los humanos, tan frágiles, débiles, fracasados y pecadores, es decir, personas que, impulsadas por el dolor, por la infelicidad, causan el mal. Pese a todo, nos ama con este amor que nunca es merecido, y su deseo hacia nosotros es pasión, es una llamarada de amor del Señor (cf. Cant 8,6). Jesús no tiene sed de almas, sino de nosotros enteros, de nuestras vidas, cuerpo y alma en los que habita el Espíritu de Dios. Es cansado para Jesús venir a buscarnos, pero su sed no se aplaca hasta que nos encuentra...

Entonces Jesús le hace grandes promesas a la mujer: «Todo el que beba de esta agua volverá a tener sed; pero el que beba del agua que yo le daré ya no tendrá sed jamás, pues el agua que yo le daré se convertirá, dentro de él, en manantial de agua que brote para la vida eterna». Jesús le anuncia lo inaudito, lo humanamente imposible: le dará un agua que, además de sacarse del pozo, se convierte ella misma en fuente que mana, agua que sale de lo profundo. No se trata de un pozo exterior, sino de una fuente interior del hombre, capaz de quitar la sed. Jesús da un agua que se transforma en manantial dentro del corazón del hombre, en lo más profundo del ser de quien cree, de quien le sigue. Beber el agua que él da significa hallar en sí mismo una fuente que brota dentro, un manantial interior: esta agua es el Espíritu Santo que se manifiesta para la vida eterna, que en el corazón del creyente se convierte en «maestro interior». Jesús dará esta agua justamente entregando el Espíritu en la cruz, cuando de su costado traspasado broten sangre y agua (cf. Jn 19,30.34; 7,37-39). Por tanto, agua que brota, fuente en el corazón del discípulo es el Espíritu Santo, el don de los dones (cf. Lc 11,13), el Espíritu consolador (cf. Jn 14,16.26; 15,26; 16,7) que con su presencia hará que Dios ya no hable desde el exterior, con la Ley —que, por otra parte, ya está «en tu corazón» (Dt 30,14), en el corazón humano—, sino que escribirá la Ley de Dios en el corazón mismo del ser humano, como había prometido el profeta Jeremías (cf. Jr 31,31-34).

La samaritana empieza a intuir alguna cosa, y entonces le hace la misma petición que le había hecho Jesús al principio: «¡Señor (*Kýrios*), dame de esa agua!». Y en ese momento Jesús da un giro brusco al diálogo: «Anda, llama a tu marido y vuelve aquí». ¿Qué sentido puede tener esa orden? ¿Qué tiene que ver el marido en todo esto? En realidad, Jesús conoce bien la situación de la samaritana, porque «él sabía lo que hay en el interior de cada uno» (Jn 2,25). Jesús, como ya hemos señalado, percibe en la vida amorosa desgraciada y frustrante de esa mujer la idolatría de los samaritanos con los *ba'alim*, los ídolos extranjeros. Percibe en ella simbólicamente la historia del reino del Norte, Israel, llamado por los profetas «mujer adúltera y prostituta» por la infidelidad al Esposo único, el Señor Dios, y el adulterio con los ídolos falsos (cf. Os 2,4-3,6).

La mujer, al responder que ahora no tiene marido, que todavía va en busca de amantes, confiesa que no ha encontrado al esposo único, amante verdadero siempre fiel en el amor, incluso en caso de traición (cf. Os 14,5). Jesús está ante el pueblo de los samaritanos para decirles que el Señor nunca les ha abandonado, que desea atraerles hacia sí (cf. Os 2,16) y celebrar con ellos bodas de alianza eterna. Sí, el diálogo entre Jesús y la samaritana trasciende el nivel personal y se vuelve profundamente simbólico. Por eso la samaritana, más allá del agua, ha de encontrar quién es la fuente, detrás del signo ha de descubrir quién hace el don, quién es el donante. En su respuesta a Jesús reconoce implícitamente sus numerosos fracasos, su sed, frustrada, de comunión y de amor con un hombre; es una mujer desgraciada, una mujer que tiene dueños pero no un esposo, una mujer alienada y, de hecho, explotada, abandonada siempre por los hombres. Pero al descubrirse a sí misma, descubre que Jesús es profeta e inmediatamente le pide dónde puede adorar, dónde puede encontrar a Dios y comenzar una auténtica vida de comunión con el Dios vivo y verdadero: ¿en Jerusalén, como dicen los judíos?, ¿o en el monte Garizim, como afirman los samaritanos?

En su respuesta Jesús le anuncia la hora: «Créeme, mujer, llega la hora en que ni en este monte ni en Jerusalén adoraréis al Padre. [...] Pero llega la hora, ya ha llegado, en que los verdaderos adoradores darán culto al Padre en espíritu y en verdad». Ha comenzado un nuevo tiempo, el tiempo del culto último y definitivo, el culto que corresponde a la voluntad del Señor. Ya no se adora a Dios en el monte Garizim, en el templo de los samaritanos, ni en Jerusalén, en el templo de los judíos. Estos lugares ya no tienen esa función y no puede haber competencia entre lugares y templos santos: ahora hay un nuevo templo, que es el propio Jesucristo (cf. Jn 2,21). En él y a través de él es posible la relación de comunión con el Padre, a través de la acción del Espíritu Santo. Se adora a Dios en Espíritu y Verdad, es decir, en el Espíritu Santo, don de Jesucristo, y en el propio Cristo que es la Verdad (cf. Jn 14,6). La Verdad es lo que se puede conocer de Dios, lo que se puede «ver» de él, esto es, el Hijo unigénito, Jesús, que nos ha dado a conocer (*exeghésato*: Jn 1,18) a Dios en su vida humana. El Hijo, «lleno de gracia y de verdad» (Jn 1,14; cf. también Jn 1,17), «imagen del Dios invisible» (Col 1,15), quiere un culto a través de él, pero un culto que ha de producirse en el cuerpo de cada discípulo, en su vida. Ya no hay que presentar a Dios ofrendas, sacrificios, sino que hay que «ofrecer en sacrificio las propias personas» (cf. Rom 12,1), entregándolas a los hermanos y hermanas, viviéndolas a su servicio. El lugar de la nueva liturgia cristiana ya no es un lugar-santuario, monte, templo o catedral, sino que es la morada del Padre, del Hijo y del Espíritu Santo, esto es, nuestra persona entera, cuerpo de Cristo, «templo del espíritu» (1Cor 6,19).

En respuesta a estas palabras de Jesús, la mujer samaritana confiesa su propia espera: ella y su pueblo aguardan al Mesías, el Mesías profético, el nuevo Moisés (cf. Dt 18,15-18), esperan a aquel que lo explicará todo. Y en ese momento Jesús le dice: «Soy yo [*Egó eimi*], el que está hablando contigo». Por primera vez en el evangelio según Juan, Jesús se presenta con las palabras *Egó eimi*, «Soy yo», esto es, el Santo Nombre de Dios revelado a Moisés por la zarza ardiendo (cf. Éx 3,14), el Nombre que los profetas proclamaban para anunciar su unicidad y eternidad (cf. Is 43,10-11). La mujer se ha desvelado en su miseria, Jesús se desvela en su verdad de Mesías, Cristo, enviado por Dios según las promesas. La sed que hay en la miseria humana y la sed que hay en la misericordia del Señor se encuentran y se desvelan en este encuentro: tal vez la verdadera reciprocidad entre humanos y Jesús es la sed...

La samaritana ha pasado ya de la religión a la fe, de la miseria a la salvación: está redimida, y su redención adquiere rasgos muy precisos. Era una mujer marginada al menos por tres motivos, ya enumerados brevemente. Ante todo por ser mujer: esto explica la conducta de los discípulos, que, cuando regresan con provisiones, «se quedaron sorprendidos de que estuviera hablando con una mujer» y no le hicieron ningún caso, sino que se dirigieron a Jesús sin prestar ninguna atención al encuentro ni a la presencia de la mujer y no le preguntaron a Jesús para entender y aprender, esto es, para hacer como él. La samaritana estaba marginada además porque su vida era inmoral, marcada por una conducta contraria a la Ley: convivía con un hombre que no era su marido; era una mujer que tenía un amante, no un esposo de acuerdo con la Ley. Por último, era marginada por los judíos por ser samaritana. Pero Jesús la retorna a la vida, la hace digna de pronunciar una palabra creíble y su fe es adhesión al que la hace vivir de otra manera. Por eso la mujer se convierte en una criatura nueva, dispuesta a testimoniar (verbo *martyréo*) su fe en Cristo: fe en su humanidad capaz de acogida, de diálogo, de confianza y de amor.

La mujer se siente llamada por Jesús a ser discípula y, del mismo modo que los discípulos respondieron a Jesús abandonando las barcas y las redes para seguirle (cf. Mc 1,16-20 y par.), también ella abandona el cántaro en el pozo, lo olvida y se dirige a la ciudad, convertida ya en discípula y misionera, apóstol. Además, ya no necesita el cántaro, símbolo del esfuerzo que supone sacar agua, porque ahora brota en ella agua viva. Por tanto, corre a la ciudad a dar testimonio de lo que le ha ocurrido. Esto supone para ella en primer lugar recordar los hechos, los sucesos, contar su propia experiencia: algo decisivo ha sucedido en su vida que la ha afectado y herido, y esto ha provocado en ella un cambio, una conversión. Transformada en una nueva criatura que ha encontrado al verdadero esposo de su alma (cf. Cant 1,7; 3,1-4), se dirige a la ciudad, a su gente, y da testimonio de la buena nueva, el Evangelio. Y solo después de haber recordado los hechos, sugiere una interpretación: «¿Es él el Cristo, el Mesías?». Si bien el testimonio ofrecido es claro y sólido, se deja a los oyentes la libre interpretación de los hechos. La mujer no impone a su gente un dogma, ni una verdad expresada en términos tajantes, sino que propone una interpretación que les permitirá elegir libremente, movidos por el amor. Si la experiencia se halla en el espacio de lo indiscutible, la fe está en el espacio del asombro, y lo que sorprende en este fragmento es que el sobrio testimonio de la mujer articula admirablemente el hecho, el suceso y su interpretación. *Fides ex auditu* (Rom 10,17): de la escucha a Jesús nace la fe de la samaritana, de la escucha a la samaritana nace la fe de su pueblo.

De modo que la mujer, auténtica misionera que corre a la ciudad para hablar a todos de Jesús el «Profeta», tal vez el «Mesías», suscita un movimiento: muchos salen de la ciudad para ir al pozo donde se encuentra Jesús, y los que han creído en las palabras de la mujer, después de haberle visto y escuchado, creen todavía más en él, hasta el punto de declararle «Salvador del mundo». Igual que el Bautista (cf. Jn 3,27-31), una vez conducidos los otros al encuentro con Cristo, la mujer samaritana desaparece. Pero lo esencial es que ya se ha convertido en una discípula suya: es más, el encuentro tan humano con Jesús la ha convertido en su apóstol y misionera. De mujer despreciada y marginada a testimonio del Salvador del mundo, primera apóstol de Samaria.

La mujer sorprendida en adulterio

> Jesús se fue entonces al monte de los Olivos. Pero, al amanecer, se presentó de nuevo en el templo. Todo el pueblo acudía a él, y él, allí sentado, los instruía. Los escribas y los fariseos le traen a una mujer que había sido sorprendida en adulterio. Y poniéndola delante, dicen a Jesús: «Maestro, esta mujer ha sido sorprendida en flagrante adulterio. En la Ley, Moisés nos mandó apedrear a esas; pero tú ¿qué dices?». Decían esto para tenderle un lazo, con el fin de tener de qué acusarlo. Pero Jesús, inclinándose, escribía en el suelo con el dedo. Como ellos insistían en preguntarle, se incorporó y les dijo: «El que entre vosotros esté sin pecado, sea el primero en tirar una piedra contra ella». E inclinándose otra vez, siguió escribiendo en el suelo. Ellos, al oírlo, se fueron retirando uno tras otro, comenzando por los más

> viejos, hasta quedar solos Jesús y la mujer, que estaba allí delante. Incorporándose entonces, Jesús le dijo: «Mujer, ¿dónde están? ¿Nadie te condenó?». Ella respondió: «Nadie, Señor». Díjole Jesús: «Pues tampoco yo te condeno; vete, y desde ahora en adelante no peques más». [Jn 8,1-11]

Este fragmento ha conocido una suerte muy especial, que atestigua su carácter escandaloso y embarazoso: de hecho, ¡fue censurado por la Iglesia! No aparece en los manuscritos más antiguos, fue ignorado por los padres latinos hasta el siglo IV, durante cinco siglos no fue recitado en la liturgia y no existen comentarios por parte de los padres griegos del primer milenio. Tras un largo y laborioso peregrinaje por los manuscritos, se insertó en el evangelio según Juan, después del séptimo capítulo y antes del versículo 15 del octavo, en el que se reproducen unas palabras de Jesús que parecen justificar la ubicación: «Vosotros juzgáis según la carne, yo no juzgo a nadie». Hay que decir que ese texto presenta semejanzas con el evangelio según Lucas, el más atento a la enseñanza de Jesús sobre la misericordia, y bien podría haberse colocado después de Lc 21,37-38: «Así pues, durante el día [Jesús] enseñaba en el templo, pero salía a pasar las noches al aire libre, en el monte llamado de los Olivos. Y todo el pueblo madrugaba para acudir a él y escucharlo en el templo». No obstante, nosotros, siguiendo el canon de las Escrituras, lo leemos donde la redacción final lo situó, esto es, en el octavo capítulo del evangelio según Juan, en el contexto de una discusión sobre la relación entre Ley y pecado.

Mientras Jesús en el templo está ocupado anunciando la Palabra, sentado como corresponde a un rabino que enseña, «los escribas y los fariseos le traen a una mujer que había sido sorprendida en adulterio», con el objeto de «tenderle un lazo». No es una escena insólita: a menudo está escrito en los evangelios que los enemigos de Jesús intentan que caiga en contradicción con la Ley de Dios, para poder acusarlo de blasfemia, de desobediencia al Dios vivo (cf. Mc 8,11 y par.; 10,2 y par.; 12,13 y par.). Pero en esta ocasión la trampa tendida a Jesús no se refiere a la interpretación de la Ley, sino a una mujer —o mejor, la que se «utiliza» como un simple caso jurídico— sorprendida en adulterio y arrastrada por la fuerza ante él por los testigos de su pecado, por los que vigilan que cumplan la Torá más los otros que ellos mismos. A esos escribas y fariseos en realidad la mujer no les importaba nada, lo importante era hallar motivos de condena contra Jesús: no querían lapidar a la adúltera, ¡sino hacer lapidar a Jesús!

Estos hombres religiosos irrumpen entre la gente que escuchaba a Jesús, conducen ante él a una mujer sorprendida en flagrante adulterio, la colocan allí en medio y declaran: «En la Ley, Moisés nos mandó apedrear a esas». Esta declaración parece irreprochable desde un punto de vista formal, porque cita la Ley; pero si se examina atentamente, se ve que su apelación a la Torá es parcial. La Ley preveía en efecto la pena de muerte para ambos adúlteros (cf. Lv 20,10; Dt 22,22) y confirmaba la misma pena, por lapidación, para un hombre y una mujer prometida que cometían adulterio: los pecadores eran arrojados a un hoyo y sepultados con piedras (cf. Dt 22,23-24), mientras que si estaban casados, la muerte era por estrangulamiento. En nuestro caso, la culpable debía de ser una muchacha de doce o trece años. No obstante, resulta muy significativo que solo ella haya sido apresada y conducida ante Jesús, mientras que el hombre que ha cometido adulterio con ella, y según la Ley es tan culpable como ella, ¡no resulta ni imputado ni llevado a juicio!

La dureza de la pena prevista se explica porque el adulterio es una negación de la promesa creacional de Dios y, al mismo tiempo, una grave contradicción a la alianza estipulada por la pareja humana (cf. Mal 2,14-16). De modo que los expertos de la Escritura, los celosos guardianes de la Ley y sus irreprochables ejecutores, irreprochables en apariencia y considerados por la gente «hombres religiosos» por hacer ostentación de su presencia (cf. Mt 23,5), preguntan a Jesús: «¿Tú qué dices?». La intención de esta pregunta es pillar a Jesús en contradicción: si no confirma esa condena y no aprueba la consiguiente ejecución, puede ser acusado de transgredir la Ley de Dios; si, por el contrario, se pronuncia a favor de la Ley, ¿por qué acoge a pecadores y prostitutas y come con ellos? (cf. Mc 2,15-16 y par.; Lc 15,1-2). ¿Por qué predica la misericordia? Para ellos, la ley y la justicia son una cosa distinta de la misericordia: la misericordia a lo sumo puede corregir el rigor de la ley. Por otra parte, no hay que olvidar que, respecto al adulterio, Jesús había hablado con mayor dureza aún que Moisés: «Pero yo os digo: todo el que mira a una mujer con mal deseo, ya cometió adulterio en su corazón [con ella]» (Mt 5,28). De modo que ¿cómo va a juzgar a esta mujer sorprendida en flagrante adulterio? Ese «¿Tú qué dices?» significa, por tanto: «Tú que predicas el perdón de Dios, la remisión de los pecados, que dices que has venido a llamar a los pecadores y no a los justos (cf. Mt 2,17 y par.), ¿de qué modo respetas la Ley? ¿De parte de quién te pones en este caso? ¿Te sometes a la autoridad de la Torá o vas a anularla?». Para estos fariseos, la intransigencia moral y la firmeza doctrinal impiden ver la diferencia entre el pecado y el pecador.

Vamos a detenernos un momento en esta escena. Llevan a una mujer a Jesús para que la condene. Esta mujer se encuentra en medio del grupo de los que la han llevado, está rodeada por todas partes y no puede escapar de la multitud de la que es prisionera. Discípulos y oyentes se hallan distantes: Jesús está solo frente a esos hombres religiosos y, en medio, una mujer de pie. Solo ella ha sido llevada a juicio, no su cómplice que, según la Ley de Moisés, también debía ser condenado a muerte: solo ella está expuesta a la opinión pública con su pecado que es proclamado delante de todos. Una mujer cubierta de infamia, y a su alrededor solo hay hombres: jueces injustos, enemigos, acusadores. No hay posibilidad de examinar su historia, sus sentimientos, su conciencia. Para sus acusadores, no solo ha cometido el pecado de adulterio: es una adúltera, toda ella es definida por su pecado manifiesto. Pero Jesús empieza a responder a los acusadores hablando con el cuerpo, no con palabras: se inclina, agachándose, rompe el círculo de la «violencia mimética» (René Girard), rompe el cara a cara con aquellos fariseos y se pone a escribir en el suelo, en absoluto silencio. De la posición de sentado pasa a la posición de inclinado; además, con este gesto se inclina frente a la mujer que está de pie delante de él. Piénsese en la elocuencia de esta imagen: la mujer que había sido apresada y colocada de pie delante de Jesús sentado como un maestro y un juez, la mujer que tiene a sus espaldas a sus acusadores con las piedras en la mano, ve a Jesús inclinado frente a ella, en silencio total. Este silencio de Jesús no ha sido destacado convenientemente por los comentaristas, sin embargo el gesto de escribir en el suelo es justamente silencio. Jesús calla, y se crea un ambiente extraño: la mujer en medio, de pie, rodeada por los acusadores, y Jesús inclinado, arrodillado ante ella en un silencio que crea expectación. Podemos ver en este silencio un preludio del silencio de Jesús durante su proceso, cuando calle al ser interrogado por quien quiere condenarlo, como ocurre aquí.

¿Qué significa ese gesto de Jesús? ¿Está escribiendo los pecados de los acusadores de la mujer, como piensa Jerónimo (cf. *Diálogo contra los pelagianos* II,762)? ¿O está escribiendo frases bíblicas, como opinan algunos exégetas modernos? No es fácil interpretar este gesto: en mi opinión, hay que interpretarlo como tal, como gesto precisamente, acción dotada de una fuerte carga simbólica. Creo que hay que ver por un lado a los escribas y fariseos que recuerdan la Ley grabada sobre tablas de piedra; por el otro, a Jesús que, escribiendo en el suelo, en la tierra de la que estamos hechos todos nosotros, hijos e hijas de Adán, el terrestre (cf. Gn 2,7), nos indica que la Ley ha de inscribirse en nuestra carne, en nuestro «corazón de carne» (Ez 11,19; 36,26; cf. Jr 31,33), en nuestras pobres vidas marcadas por la fragilidad, por la debilidad, por el pecado. No es casual que Jesús escriba «con el dedo», igual que la Ley de Moisés fue escrita en la piedra «por el dedo de Dios» (Éx 31,18; Dt 9,10)... Del mismo modo que Dios escribió y reescribió la Ley porque el pueblo la había infringido —hay que decir que, para no destruir al pecador, Dios rompe la Ley quebrantada e inmediatamente la reescribe—, así también lo hace Jesús. Son dos los pecados que han infringido la Ley: el adulterio de la mujer y el olvido malévolo por parte de aquellos hombres religiosos de la palabra de Dios «amor quiero yo y no sacrificios», escrita en Oseas (6,6). Ellos tenían que conocerla, como la conocía Jesús (cf. Mt 9,13; 12,7)...

Pero como los acusadores insisten en interrogarle, tras aquel largo y para ellos fastidioso silencio que solo llena su gesto profético, Jesús se incorpora y no responde directamente a la cuestión que se le plantea, sino que hace una afirmación que también contiene una pregunta: «El que entre vosotros esté sin pecado, sea el primero en tirar una piedra contra ella». Luego se inclina de nuevo y vuelve a escribir en el suelo. ¿Quién puede decir que está sin pecado? Jesús —hay que tenerlo en cuenta— confirma la Ley, según la cual el testigo ha de ser el primero en lapidar al culpable (cf. Dt 13,9-10; 17,7), pero también dice que el testigo, para realizar ese gesto, ¡ha de estar libre de pecado! De hecho, el problema es el pecado: esa mujer adúltera ha cometido un pecado público y manifiesto; los otros, sus acusadores, ¿no han pecado o, en realidad, han pecado sin ser vistos, a escondidas? Y si han pecado, ¿con qué autoridad lanzan las piedras que han de matar al pecador? Así pues, Jesús induce a esos fariseos, tan sensibles a los pecados de los otros, a reconocer que la diferencia entre pecado y pecador también les afecta a ellos, porque ellos también conocen y cometen el pecado.

Solo Jesús, que estaba sin pecado (cf. 2Cor 5,21; Heb 4,15; 1Jn 3,5), podía lanzar una piedra, pero no lo hace. Su afirmación-pregunta, que no contradice la Ley y al mismo tiempo confirma su práctica de misericordia, resulta eficaz, llega al corazón de los acusadores que, «al oírlo» y acusados por su conciencia, «se fueron retirando uno tras otro, comenzando por los más viejos»: cuanto más avanzada es la edad, más numerosos son los pecados cometidos y acumulados; esta conciencia debería impedir, sobre todo a los ancianos, la inflexibilidad con los demás, el endurecimiento y la intransigencia de los juicios... Así pues, una palabra de Jesús, una palabra sola pero incisiva (hasta el punto de haberse convertido en proverbial) y auténtica, una de esas preguntas que nos sacuden y nos hacen reflexionar sobre nosotros mismos, impide a esos hombres cometer un acto de violencia en nombre de la Ley que ellos creen interpretar con justicia y rigor. Comenta inteligentemente Agustín:

> Esta palabra de Jesús es elocuencia de la justicia: castíguese a la pecadora, pero que no la castiguen los pecadores; ejecútese la Ley, ¡pero no por sus transgresores! [*Tratados sobre el evangelio de san Juan* XXXIII,5]

Obsérvese asimismo que Jesús no condena a esos injustos acusadores de la mujer, porque ellos también están entre esos pecadores que Jesús ha venido a llamar y a salvar: les pregunta, les empuja a pensar en su situación en relación con el pecado, pero no les condena, sino que les deja entrever la misericordia de Dios.

Solo Dios, y por tanto solo Jesús, podría condenar a esa mujer. En cuanto a los humanos, corresponde a todos realizar acciones que relaten la obra de Dios, obra que no es nunca de condena sino siempre de perdón. Pues bien, aquí Jesús —permítaseme decirlo— «evangeliza» a Dios, es decir, convierte a Dios en Evangelio, buena nueva para aquella mujer. «A Dios nadie lo ha visto jamás» (Jn 1,18), pero muchos creen interpretarlo y actuar en su nombre; y de este modo, en realidad modelan y narran la imagen de un Dios perverso, poniendo una máscara sobre su rostro. En cambio, Jesús, el único hombre que ha contado en plenitud a Dios, que ha sido su exégesis viva, afirma que frente al pecador, a la pecadora, Dios solo tiene un sentimiento: no la condena, no el castigo, sino el deseo de que se convierta y viva (cf. Ez 18,23; 33,11). Jesús, enviado por Dios «no a condenar al mundo, sino a salvarlo» (Jn 12,47), aquí también actúa como había anunciado al comienzo de su ministerio: «No he venido a llamar a los justos, sino a los pecadores» (Mc 2,17 y par.). Y de este modo hace caer las piedras de las manos de los acusadores-jueces, pero al precio de atraer sobre sí, convirtiéndose él en el blanco, la pena reservada a esa mujer: no es casual que precisamente al final de este capítulo se lea que sus adversarios «tomaron piedras para lapidarle» (Jn 8,59)...

Solo cuando todos se han ido, Jesús se incorpora y está frente a la mujer. Ella, colocada allí de pie en medio de todos, es devuelta ahora finalmente a su identidad de mujer que está delante de Jesús y ve a Jesús en pie delante de ella: así es posible el encuentro verdadero. Es el final de una pesadilla para la mujer, porque sus celosos lapidadores se han dispersado y porque el que había de juzgarla no está sentado como un juez que condena; poco antes se ha inclinado delante de ella y ahora está de pie, como un juez que justifica y absuelve. Ahora es posible el encuentro hablado, que empieza con el apelativo dirigido por Jesús a su interlocutora: «Mujer», el mismo reservado a su madre (Jn 2,4), a la samaritana (Jn 4,21), a María Magdalena al amanecer del día de Pascua (Jn 20,15). Dirigiéndose a ella de este modo Jesús la distingue ante sí misma por lo que es: no una adúltera, no una pecadora, sino una mujer. Nadie había hablado con ella, todos la habían arrastrado hasta allí como un objeto; en cambio, Jesús le dirige la palabra, le devuelve su dignidad de mujer, no le pregunta por su culpabilidad sino que le pregunta: «¿Dónde están [tus acusadores]? ¿Nadie te condenó?». Y ella, al responder: «Nadie, Señor [*Kýrie*]», hace una gran confesión de fe. El que está frente a ella es más que un simple maestro, «es el Señor» (Jn 21,7), como confesará el discípulo amado después de su resurrección.

Por último, Jesús acaba este encuentro con una afirmación extraordinaria: «Pues tampoco yo te condeno; vete, y desde ahora en adelante no peques más». Son palabras absolutamente gratuitas y unilaterales. De hecho, el texto no nos dice que la mujer esté arrepentida, no se interesa por sus sentimientos, sino que revela que, al producirse el encuentro entre la santidad de Jesús y el pecado de esta mujer, entonces —retomando de nuevo las palabras de Agustín— *relicti sunt duo, misera et misericordia*, «solo dos se quedan allí, la miserable y la misericordia» [*Tratados sobre el evangelio de san Juan* XXXIII,5]. He ahí la gratuidad de esa absolución. Jesús no condena, sino que con ese acto de misericordia preveniente ofrece a esa mujer la posibilidad de cambiar. No se nos dice que cambió de vida, que se convirtió, que se fue a hacer penitencia o que se hizo discípula de Jesús y se dispuso a seguirlo. Guardémonos mucho de hacer decir al Evangelio lo que no dice o que nosotros, sobre la base de nuestro concepto humano de justicia, querríamos que dijese. No sabemos si esta mujer perdonada cambió de vida tras el encuentro con Jesús; solo sabemos que, para que cambiase de vida y volviera a vivir, Dios, que no quiere la muerte del pecador, la perdonó a través de Jesús y la envió hacia la libertad: «Vete, y desde ahora en adelante no peques más»... Las personas religiosas querrían que Jesús le hubiera dicho a la mujer: «¿Te has examinado? ¿Sabes lo que has hecho? ¿Comprendes la gravedad? ¿Te has arrepentido de tu pecado? ¿Lo detestas? ¿Prometes no hacerlo más? ¿Estás dispuesta a sufrir el justo castigo?». ¡Estas omisiones en las palabras de Jesús siguen escandalizando hoy como ayer! Pero Jesús no condena ni juzga —como dirá poco después: «Yo no juzgo a nadie» (Jn 8,15)— y anuncia la misericordia, practica la misericordia siguiendo fiel y puntualmente la justicia de Dios, porque la conoce como justicia justificante (cf. Rom 3,21-26).

Obligado a elegir entre la Ley y la misericordia, que aquellos hombres religiosos consideran contrapuestas, Jesús elige la misericordia sin ponerse contra la Ley, porque sabe distinguir entre el pecado y el pecador: así logra transformar esa trampa en un encuentro humano y humanizador. La Ley es esencial como revelación de la llamada de Dios al hombre; pero una vez que el pecado ha infringido la Ley, a Dios solo le queda la misericordia, ¡solo quiere utilizar esta! Y luego, de repente, reescribe la Ley: como Moisés en el Sinaí, como Jesús aquí en la tierra. Esto, que es el núcleo del Evangelio de Jesús, la Iglesia todavía no lo ha comprendido: la Ley eterna es la que se reescribe siempre de nuevo, como hace Jesús con su gesto en la arena. No hay condena, solo misericordia: en esto reside la grandeza y unicidad de Jesús. De hecho, cada vez que Jesús se ha encontrado con un pecador lo ha absuelto de sus pecados y nunca ha practicado una justicia punitiva; ha exhortado con fuerza, ha pronunciado los «¡Ay de!» con vistas al juicio (cf. Mt 23,13-32; Lc 6,24-26), pero nunca ha castigado a nadie: realmente Jesús sabía distinguir —eso que a nosotros nos resulta tan difícil— entre la condena del pecado y la misericordia con el pecador.

Este encuentro entre Jesús y la mujer sorprendida en adulterio no solo nos revela la misericordia de Jesús, sino también su capacidad de defender a la mujer de un círculo de hombres, dispuestos siempre a justificarse a sí mismos y a condenar a las mujeres. Desgraciadamente, toda la historia de los creyentes, de la antigua y de la nueva alianza, será testimonio de este «ojo que espía, exigente y condenador» de los hombres religiosos frente a las mujeres, consideradas culpables por su condición —dicen los hombres— de criaturas siempre tentadoras y fáciles de tentar. Este ejemplo de Jesús será poco comprendido y aún menos vivido, pero será recordado en el evangelio y siempre habrá lectores que hallarán en él una buena nueva. Esto es, Jesús no convierte el pecado, aunque grave, en una culpa imborrable, porque donde ha sido consumado el pecado reina la misericordia, la Ley se revela en su fin, el amor, y cualquier mujer pecadora, cualquier hombre pecador, puede decir: «Hoy empiezo de nuevo». Jesús no se ha dirigido a la mujer como un «bueno» que se comunica con ella como si no se le atribuyera ningún pecado, sino que le ha dicho, de manera que no volviera a pecar: «Vete, y desde ahora en adelante no peques más».

Las hermanas Marta y María

Había un enfermo, llamado Lázaro, de Betania, la aldea de María y de su hermana Marta. María era la que ungió al Señor con perfume y le enjugó los pies con sus cabellos. Lázaro, el que había caído enfermo, era su hermano. Enviaron, pues, las hermanas a decir a Jesús: «Señor, mira que aquel a quien amas está enfermo». Cuando Jesús lo oyó, dijo: «Esta enfermedad no es de muerte sino para la gloria de Dios, para que por ella sea glorificado el Hijo de Dios». Amaba Jesús a Marta, a su hermana y a Lázaro. Sin embargo, cuando oyó que estaba enfermo, todavía se demoró dos días en el lugar donde se encontraba. Solo entonces dice a los discípulos: «Vámonos de nuevo a Judea». Dícenle los discípulos: «*Rabbí*, hace poco que los judíos querían apedrearte, ¿y otra vez quieres ir allí?». Jesús respondió: «¿No son doce las horas del día? Cuando uno camina de día no tropieza, porque ve la luz de este mundo. Pero si uno camina de noche, tropieza, porque no tiene luz». Esto dijo, y después les añade: «Nuestro amigo Lázaro se ha dormido, pero voy a despertarlo». Dijéronle los discípulos: «Señor, si se ha dormido, se pondrá bueno». Jesús se había referido a la muerte, pero ellos creyeron que hablaba del descanso del sueño. Entonces les dijo Jesús claramente: «Lázaro ha muerto, y me alegro de no haber estado allí por vosotros: para que creáis. Pero vayamos a su casa». Tomás, llamado el Mellizo, dijo a sus condiscípulos: «Vamos también nosotros a morir con él».

Cuando llegó Jesús, se encontró con que Lázaro llevaba ya cuatro días en el sepulcro. Betania estaba cerca de Jerusalén, como a unos quince estadios. Habían venido muchos judíos a casa de Marta y María, para consolarlas por lo de su hermano. Cuando oyó Marta que llegaba Jesús, salió a su encuentro; María, en cambio, seguía sentada en la casa. Dijo Marta a Jesús: «Señor, si hubieras estado aquí, no habría muerto mi hermano. Pero aun ahora, yo sé que todo lo que pidas a Dios, Dios te lo concederá». Dícele Jesús: «Tu hermano resucitará». Marta contestó: «Ya sé que resucitará en la resurrección, en el último día». Jesús le respondió: «Yo soy la resurrección y la vida: el que cree en mí, aunque muera, vivirá; y todo el que vive y cree en mí, jamás morirá. ¿Crees tú esto?». Ella le contesta: «Sí, Señor; yo creo que tú eres el Cristo, el hijo de Dios, el que tenía que venir al mundo».

Tras estas palabras, fue a llamar a su hermana María y le dijo al oído: «El maestro está aquí y te llama». María, al oírlo, se levantó enseguida y salió a donde él estaba, pues Jesús no había entrado todavía en la aldea, sino que estaba en el lugar donde Marta lo había encontrado. Cuando los judíos que estaban en la casa con María dándole el pésame vieron que se levantaba tan precipitadamente y salía fuera la siguieron, pensando que iba al sepulcro para llorar allí.

Cuando llegó María a donde estaba Jesús y lo vio, se arrojó a sus pies, diciéndole: «Señor, si hubieras estado aquí, no habría muerto mi hermano». Jesús, al ver que ella lloraba y que también lloraban los judíos que habían venido con ella, se estremeció profundamente y se conmovió. Luego preguntó: «¿Dónde lo habéis puesto?». Y le contestan: «Señor, ven y míralo». Jesús rompió a llorar. Decían los judíos: «¡Mira, cuánto le quería!». Pero algunos de ellos añadieron: «Y este que abrió los ojos del ciego, ¿no podía haber hecho también que ese hombre no muriera?».

Jesús, nuevamente conmovido, se acercó al sepulcro, que era una cueva, con una losa puesta encima. Dice Jesús: «Quitad la losa». Marta, la hermana del difunto, le dice: «Señor, ya hiede, pues lleva cuatro días». Jesús le responde: «¿No te dije que, si crees, verás la gloria de Dios?». Quitaron, pues, la losa. Entonces Jesús levantó los ojos a lo alto y dijo: «Padre, te doy gracias por haberme escuchado. Yo bien sabía que me escuchas siempre; pero lo he dicho por esa gente que me rodea, para que crean que tú me has enviado». Y después de decir esto, gritó con voz potente: «¡Lázaro, sal fuera!». Salió el muerto, con los pies y las manos atadas con vendas, y con el rostro envuelto en un sudario. Díceles Jesús: «Desatadlo y dejadle que camine». [...]

Seis días antes de la Pascua, llegó Jesús a Betania, donde estaba Lázaro, al que Jesús había resucitado de entre los muertos. Allí le prepararon una cena: Marta servía y Lázaro era uno de los que estaban a la mesa con él. María, tomando una libra de perfume auténtico de nardo, de mucho precio, ungió los pies de Jesús y se los enjugó con los cabellos. La casa se llenó con el aroma del perfume. Dice Judas Iscariote, uno de sus discípulos, el que lo iba a entregar: «¿Por qué no se ha vendido este perfume en trescientos denarios, para dárselos a los pobres?». Esto lo dijo no porque le preocuparan los pobres, sino porque era ladrón y, como estaba encargado de la bolsa, robaba de lo que se depositaba en ella. Pero Jesús dijo: «Déjala: que lo reserve para el día de mi sepultura. Porque a los pobres siempre los tenéis con vosotros; pero a mí no me tendréis siempre». [Jn 11,1-44; 12,1-8]

En el cuarto evangelio, Marta y María se convierten en personajes de gran importancia testimonial. Las dos hermanas tienen un hermano llamado Lázaro y viven en Betania, en el camino que conduce de Jericó a la ciudad santa. En esta familia Jesús había encontrado no solo discípulos sino también amigos, por esto en sus viajes o en sus estancias en Jerusalén siempre se hospedaba en su casa. Marta, María y Lázaro entran en escena en los últimos días de Jesús, los días anteriores a la Pascua en la que encontraría la muerte deseada a manos de sus adversarios, sacerdotes del templo y hombres religiosos conchabados con el poder político de Roma, y con la escandalosa participación de sus propios discípulos. Justamente aquellos días, Lázaro muere y Jesús, llamado por sus hermanas, realiza su último gran milagro devolviéndole la vida. Un tiempo después, durante un banquete en el que también está presente Lázaro, María realiza a su vez en Jesús un gesto de gran importancia. Luego, las hermanas y Lázaro desaparecen en el silencio y ya no vuelven a mencionarse, ni en la cruz ni en la resurrección.

El evangelio introduce a Marta y a María cuando, estando Lázaro enfermo, envían a decir a Jesús: «Señor, mira que aquel a quien amas [verbo *philéo*] está enfermo». Avisan a Jesús de la situación precaria del hermano destacando el vínculo afectivo que existe entre él y Lázaro. Jesús ama a Lázaro, por tanto ha de ser avisado en calidad de amigo, pero también como el que las hermanas consideran un profeta que no solo enseña, sino que realiza milagros, esto es, actos que tienen a Dios como protagonista. La respuesta de Jesús pretende ser iluminadora: «Esta enfermedad no es de muerte, sino para la gloria de Dios», y deja entrever el resultado final de la situación. Jesús se demora dos días en el lugar donde se encuentra, «al otro lado del Jordán» (Jn 10,40); luego, el tercer día, en las Escrituras el día de la intervención de Dios (cf. Os 6,2), porque «amaba a Marta, a su hermana y a Lázaro», decide regresar a Judea, a Betania precisamente, pero esa decisión suscita discusiones entre los discípulos, que no entienden la lógica de los movimientos de Jesús.

Por tanto, Jesús va y se encuentra con que Lázaro lleva ya cuatro días en el sepulcro. Marta, en cuanto oye que Jesús está llegando, sale a su encuentro; María, en cambio, aunque avisada, permanece sentada en casa. En esta distinta actitud parece haber una alusión al carácter de las dos hermanas:

Marta emprendedora, decidida, María más discreta, más meditativa, menos impulsiva, como también Lucas había destacado (cf. Lc 10,38-42). Cuando se encuentra con Jesús, Marta le habla en estos términos: «Señor, si hubieras estado aquí, no habría muerto mi hermano». Luego añade: «Pero aun ahora, yo sé que todo lo que pidas a Dios, Dios te lo concederá», convicción de fe que también Jesús manifestará al Padre, inmediatamente después. Es una mujer fuerte, vigorosa, que habla claro y proclama abiertamente su fe. Está segura de que, si Jesús hubiese estado presente, no habría dejado morir a su amigo, pero también está segura de que puede pedir cualquier cosa a Dios su Padre y le será concedida. Marta da muestras de una gran fe: donde está Jesús no puede reinar la muerte, y cuando ruega ¡siempre es escuchado! Su fe es adhesión a la persona de Jesús y reconocimiento de su verdadera identidad. Y cuando Jesús le recuerda la fe judía —«¡Tu hermano resucitará!»—, ella confiesa que la sigue fielmente. Y, de hecho, se dispone a manifestar una fe más profunda aún, está dispuesta a aceptar lo que Jesús le dice: «Yo soy [*Egó eimi*] la resurrección y la vida». Jesús no es solo el que resucita a los muertos, sino que es la resurrección misma, porque quien cree en él, aunque muera, vivirá. Creyendo en él no se conoce la muerte, se vive la vida para siempre y, aunque hay que pasar por la muerte corporal, que espera a todo ser humano, en verdad se vive para siempre con él y en él. Entonces Marta confiesa su fe: «Sí, Señor; yo creo que tú eres el Cristo, el hijo de Dios, el que tenía que venir al mundo».

Gran confesión de fe, grande y ortodoxa como la de Pedro, más explícita aún que la del apóstol, que en la pasión mostró su falta de fortaleza (cf. Jn 18,15-18.25-27). Pedro había confesado: «Nosotros hemos creído y sabemos bien que tú eres el Santo de Dios» (Jn 6,69), en cambio Marta le señala como el Mesías, el Hijo de Dios, el Viniente. Sí, en el cuarto evangelio, una mujer hace una confesión de fe más completa que la de Felipe («Tú eres el Hijo de Dios, tú eres el rey de Israel»: Jn 1,49) y que el primero de los Doce. Retomando las palabras de san Efrén el sirio a propósito del «buen ladrón» (cf. Lc 23,39-43), Marta es realmente «una flor precoz del árbol de la cruz», porque antes de la cruz ya cree en el Resucitado, en el que es la resurrección.

Entonces entra en escena María, cuando Marta, de regreso a casa, ya no habla del hermano muerto, sino que le dice a la hermana: «El Maestro está aquí y te llama». El rabino, a cuyos pies se complacía María en escuchar, la llama. Entonces se apresura a ir hacia él, que todavía no ha entrado en la aldea. Al ver a Jesús, María se postra a sus pies y le repite las mismas palabras de su hermana: «Señor, si hubieras estado aquí, no habría muerto mi hermano», y lo dice derramando lágrimas con gran dolor. Estas lágrimas —¡perlas preciosas de todo dolor y sufrimiento!— suscitan emoción en la gente que había venido con ella, y la generan también en Jesús, que rompe a llorar. Jesús llora porque amaba a Lázaro y ama a estas dos hermanas: no teme que le vean llorar, no teme mostrar su amor, no tiene una máscara que proteger.

Es un hombre, como era un hombre Lázaro, como son mujeres Marta y María; es un hombre que ama, que sufre por la desaparición de los amigos, que conoce el arte del amor, de la presencia, y el dolor de la ausencia y de la pérdida. Y todos los presentes constatan: «Mira, ¡cuánto le quería!» (verbo *philéo*).

Inmediatamente después, surge la voz de Jesús que, frente a las dudas de Marta, llama a Lázaro desde la tumba. Durante una estancia en Jerusalén, con ocasión de una fiesta, había anunciado: «De verdad os aseguro: llega la hora, y es esta, en que los muertos oirán la voz del Hijo de Dios y los que la escuchen vivirán [...]. Llega la hora en que todos los que yacen en la tumba han de oír su voz y los que hicieron el bien saldrán para resurrección de vida» (Jn 5,25.28-29). Y esta hora se cumple ya para Lázaro, que se convierte en signo y profecía de la resurrección, el horizonte que espera toda la humanidad.

Marta, María y Lázaro vuelven a aparecer unos días después, con ocasión de un banquete organizado en honor de Jesús en su casa de Betania, la casa de los amigos de Jesús. Es una escena que tiene algunos aspectos enigmáticos, pero que también es muy estética, poética y de gran capacidad evocadora para quien conoce las urgencias del amor. Los jefes de los sacerdotes ya han decidido eliminar a Jesús (cf. Jn 11,57), y él está viviendo las últimas horas en compañía de los amigos. Durante la cena que se celebra en su honor, seis días antes de la Pascua, Marta sirve a la mesa, como mujer atenta, activa y práctica, y Jesús agradece mucho estas atenciones, los preparativos de la comida, signo de una amistad vivida intensamente. Lázaro, al «que Jesús amaba», es uno de los comensales. María, a la que el evangelista en una especie de prolepsis ya había señalado como «la que ungió al Señor con perfume y le enjugó los pies con sus cabellos», aparece de pronto y realiza un enorme acto de amor a Jesús: unge los pies de Jesús con una libra (trescientos gramos) de ungüento de nardo auténtico y valioso, los seca con los cabellos, y toda la casa se llena del aroma del perfume.* Como muchas mujeres, María tiene la capacidad de percibir la presencia física de Jesús de una forma que muchos desconocen, incluidos los discípulos. Percibe que Jesús es un cuerpo y que este cuerpo está presente, pero por poco tiempo... Quiere ofrecer a ese cuerpo un signo tangible, un signo de su amor profundo que querría ser amor más allá de la muerte, incluso en la ausencia. Domina un lenguaje de amor que es patrimonio peculiar, aunque no exclusivo, de las mujeres.

María rompe el frasco de perfume, coge el aceite aromático y con sus manos unge los pies de Jesús, expresando la

* Véase también el relato que hace Marcos de este hecho (cf. Mc 14,3-9) y que ya hemos comentado anteriormente. En Marcos, la mujer es anónima y la escena se desarrolla en Betania, en casa de Simón el leproso. ¿El autor del cuarto evangelio pone un nombre a esa mujer, identificándola con María de Betania? ¿O ha reescrito el episodio del evangelio según Marcos? No lo sabemos y por eso hemos preferido presentar los dos episodios por separado, como si fueran autónomos.

intimidad vivida con él, luego los seca con sus cabellos, de modo que los pies de Jesús y los cabellos de María exhalan un perfume que se expande. Su gesto es un gesto de amor y el amor es visionario, sabe ver aquello que sin amor no se puede ver. El amor sabe leer los últimos días de Jesús, su muerte próxima, y ese perfume pretende ser el antídoto amoroso. María consume, expandiéndolo, un perfume muy valioso, como una réplica de la valiosa vida de Jesús que es derramada gratuitamente. Jesús no retiene nada de su vida, sin embargo, ni siquiera sus discípulos comprenden que su vida está acabada: traicionada, vendida, renegada, abandonada... El gesto de María es una glorificación de Jesús, mediante una unción profética que evoca la realizada sobre el Rey Mesías. Y como Rey y Mesías entrará Jesús en Jerusalén inmediatamente después, aclamado como «Rey de Israel» (Jn 12,13; cf. Zac 9,9).

Audacia y libertad de María que hace de sus cabellos un paño, de su valioso perfume una ofrenda como la de los perfumes en el templo y con sus manos toca, palpa el cuerpo de Jesús, ¡escandalizando a los comensales! En mi opinión, el gesto de María es una locura de amor, como la danza de David que se desnuda frente al arca de su Señor (cf. 2Sam 6, 12-15): locura de amor, la de David y la de María, pero sus gestos, pese al escándalo de Mical, mujer de David (cf. 2Sam 6,16.20) y de Judas, uno de los Doce, discípulo de Jesús, serán siempre gestos que celebran el amor al Señor, sin límites, convenciones o mesura... En este relato de Juan, no podemos dejar de conmovernos por la frase: «La casa se llenó con el aroma [*osmé*] del perfume», que es como decir que el amor de María llenó la estancia en que Jesús cenaba con sus amigos.

María de Betania y el discípulo amado, durante la cena (cf. Jn 13,1-30; 21,20), son los últimos que tocan el cuerpo de Jesús vivo. Según el cuarto evangelio, los únicos que conseguirán ungir el cuerpo muerto de Jesús serán José de Arimatea y Nicodemo, con la enorme y simbólica cantidad de «unas cien libras [treinta kilos] de peso de una mezcla de mirra y aloe» (Jn 19,39). Las mujeres, en cambio, según todos los evangelios, no pudieron ungir el cadáver de Jesús: cuando fue bajado de la cruz, era demasiado tarde, porque con el ocaso comenzaba ya el sábado; luego, el primer día de la semana, cuando las mujeres fueron al sepulcro con el ungüento y los perfumes preparados, hallaron la tumba vacía... Por tanto, María de Betania anticipó la unción, porque amaba a Jesús hasta el punto de ser una visionaria: comprendió que el cuerpo de Jesús, como cuerpo de un amigo amante y amado, no estaría siempre junto a ella. ¿Tal vez aquella unción era para María una preparación del cuerpo de Jesús para la prueba, la lucha que debería emprender en su inminente pasión? Son muchos los significados que podemos dar a esa unción, pero sin duda para María fue un acto de amor gratuito. No hace falta explicarlo todo: el gesto es suficiente...

María Magdalena, apóstol de los apóstoles

Estaban junto a la cruz de Jesús su madre y la hermana de su madre, María la de Cleofás, y María Magdalena [...].

El primer día de la semana, muy de mañana, cuando todavía estaba oscuro, María Magdalena va al sepulcro y ve quitada de él la losa. Echa entonces a correr y va a donde estaban Simón Pedro y el otro discípulo a quien amaba Jesús, y les dice: «Se han llevado del sepulcro al Señor y no sabemos dónde lo han colocado» [...].

María se había quedado fuera, llorando junto al sepulcro. Sin dejar de llorar, se inclinó para mirar dentro del sepulcro y ve dos ángeles vestidos de blanco, sentados donde había estado el cuerpo de Jesús, uno en el lugar de la cabeza y el otro en el de los pies. Le dicen ellos: «Mujer, ¿por qué lloras?». Ella les responde: «Porque se han llevado a mi Señor y no sé dónde lo han colocado». Al decir esto, se volvió hacia atrás y ve a Jesús, que estaba de pie, pero ella no se daba cuenta de que era Jesús. Dícele Jesús: «Mujer, ¿por qué lloras? ¿A quién buscas?». Ella, creyendo que era el hortelano, le dice: «Señor, si tú te lo llevaste, dime dónde lo pusiste y yo lo recogeré». Dícele Jesús: «¡María!». Ella, volviéndose, le dice en hebreo: «*Rabbuní!*» (que significa «Maestro»). Jesús le responde: «Suéltame, pues todavía no he subido al Padre, vete a mis hermanos y diles: "Voy a subir a mi Padre y vuestro Padre, a mi Dios y vuestro Dios"».

> María Magdalena va entonces a anunciar a los discípulos: «¡He visto al Señor!» y que le había dicho estas cosas. [Jn 19,25; 20,1-2.11-18]

María Magdalena en el cuarto evangelio es una de las figuras femeninas más intrigantes para el lector. Presente en todos los evangelios junto a las otras discípulas de Jesús, mujeres de Galilea, es destacada especialmente por Juan como mujer cercana a Jesús y como primer testigo de su resurrección. Es significativo que en el cuarto evangelio aparezca al pie de la cruz junto a la madre de Jesús, la hermana de la madre, María de Cleofás y el discípulo amado por Jesús. En la hora de Jesús, en la hora de la elevación del Hijo del hombre (cf. Jn 3,14; 8,28) y de su glorificación (cf. Jn 12,23), bajo la cruz se encuentran los amigos del Señor, los que están unidos a él por amor y que están llamados ahora a convertirse en la comunidad de Jesús, ante la escandalosa ausencia de los discípulos, excepto uno.

María Magdalena está al pie de la cruz, en la hora extrema de la vida de Jesús, mientras los otros discípulos han huido abandonándole. Precisamente ella y el discípulo amado son los únicos testigos de la muerte de Jesús y de su resurrección. En la cruz no dice ni hace nada, pero el tercer día después de la muerte, esto es, en el primer día de la semana judía, muy de mañana, cuando todavía estaba oscuro, María acude al sepulcro. Según Juan, lo hace por iniciativa personal, pero de hecho en su visita a la tumba, como figura típica y ejemplar, representa también a las otras mujeres que, según los sinópticos, fueron con ella; por eso habla en plural, porque lo hace también en su nombre: «No sabemos dónde lo han colocado».

¿Por qué María, pasado el sábado, acude a la tumba en cuanto puede? El cuarto evangelio no nos dice el motivo: no va para ungir el cadáver de Jesús (cf. Mc 16,1; Lc 24,1), ni para ver el sepulcro (cf. Mt 28,1), sino de forma totalmente gratuita. Podemos decir que hay en ella un deseo de estar cerca del cuerpo muerto de Jesús: el que María amó ha muerto, ahora su cuerpo está allí, en la tumba, y María simplemente quiere estar a su lado. Se siente torturada por la «ardiente intimidad de la ausencia» celebrada por Rainer Maria Rilke (*Poèmes et dédicaces*, «Pour trouver Dieu»). Cuando llega a la tumba, ve quitada de ella la losa y entonces echa a correr, va a donde estaban Simón Pedro y el discípulo amado y les dice: «Se han llevado del sepulcro al Señor y no sabemos dónde lo han colocado». Al oír esto, los dos discípulos se dirigen corriendo al sepulcro, y en aquella carrera se produce una auténtica competición: el discípulo amado es más veloz y llega antes, luego llega Pedro, que entra, ve los lienzos por el suelo y el sudario doblado, en otro sitio. Pedro tiene dudas (cf. Jn 20,3-7), mientras que el discípulo amado, que entra también en el sepulcro, «vio y creyó» (Jn 20,8).

Mientras ocurre todo esto alrededor de María, ella, como si no se diera cuenta, sigue llorando e, inclinada hacia el sepulcro, «ve dos ángeles vestidos de blanco, sentados donde había estado el cuerpo de Jesús, uno en el lugar de la cabeza y el otro en el de los pies». María tampoco hace mucho caso de los ángeles, aunque eran una manifestación divina y deberían haberle causado temor (cf. Mt 16,5 y par.). No, María busca a Jesús, su Señor, y casi podríamos decir que no le interesan los ángeles. Igual que Bernardo de Claraval que, en sus *Sermones sobre el Cantar de los Cantares*, expresa así su búsqueda de Jesús: «Con razón se me retiran las visiones o los sueños, [...] y hasta me desagradan las especies angélicas. Porque todo lo supera incomparablemente mi Jesús con su figura y su belleza. Por eso, de nadie más mendigaré que me bese con besos de su boca [cf. Cant 1,2]» (*Sermones sobre el Cantar de los Cantares* II,1). Los ángeles luminosos le preguntan: «Mujer, ¿por qué lloras?», pero María sigue afirmando de modo obsesivo su búsqueda de Jesús, al que llama «mi Señor». Jesús es el Señor, el *Kýrios* de la Iglesia, pero ella le llama «mi Señor». Hay algo extraordinario en este amor que persiste más allá de la muerte, que induce a María a buscarlo, a sufrir porque no sabe dónde está su cuerpo muerto... El llanto es testimonio de su dolor que se manifiesta en todo el cuerpo: es la Magdalena, con todo su ser, cuerpo, mente y corazón, que busca el cuerpo de Jesús, el cuerpo del amado. A María no le basta el recuerdo, ni sus palabras, ni el sepulcro que es un memorial (*mnemeîon*, así llaman al sepulcro todos los evangelios): quiere estar junto al cuerpo de Jesús. Búsqueda amorosa, fiel, perseverante, que a duras penas acepta la realidad del fin de una relación, porque para ella Jesús lo era todo.

María, la madre de Jesús, ciertamente vivía para Jesús; María Magdalena, en cambio, vivía gracias a Jesús. A ella se le concedió vivir una experiencia que a algunos les es concedida en su vida por gracia extraordinaria: pasar, gracias a alguien, de la sombra de muerte, del no sentido, de ser presa de la nada, a una vida que conoce la experiencia de ser amado y de amar. La Magdalena es amada por Jesús y ama a Jesús, con el que se siente en deuda. Por eso su llanto es el de la amada-amante que ha perdido a su amado-amante, como ocurre en el Cantar de los Cantares, donde la muchacha busca de noche a su amado, se levanta, y en la oscuridad recorre la villa en su busca, pregunta a los guardias, y finalmente lo encuentra en su jardín (cf. Cant 3,1-4). Y lo mismo ocurre en aquella aurora primaveral, en el monte de los bálsamos (cf. Cant 2,17; 8,14), donde había un jardín, lugar de la sepultura de Jesús.

Entre lágrimas, María responde a los dos ángeles que le han preguntado por la causa de su llanto: «"Porque se han llevado a mi Señor y no sé dónde lo han colocado". Al decir esto, se volvió hacia atrás [*strápʰe eis tà opíso*]», y comienza el diálogo con otro personaje, esta vez humano. El hecho de volverse hacia atrás tiene un valor simbólico: María repasa toda su vida con Jesús, recuerda su relación con él cargada de amor y sigue llorando también por nostalgia de lo que ha sido y ya no podrá volver a ser. Con todo su dolor se vuelve hacia atrás, ya no mira la tumba ni los ángeles, sino que ve a un hombre, que le hace la misma pregunta: «Mujer, ¿por qué lloras?». Del mismo modo que Jesús lloró por Lázaro muerto (cf. Jn 11,35), también María llora por Jesús muerto. Llora por amor y por dolor del amor, y no por sus pecados: ¡María es la única que llora por Jesús! Solamente Pedro, el icono evangélico, llora por sus pecados, por su horrible vileza, por su amor breve como el rocío de la mañana (cf. Os 6,4). Pedro no llora por Jesús, sino por él mismo, por haber traicionado al amigo (cf. Mc 14,72 y par.). Sí, Pedro debería ser el icono del arrepentimiento cristiano y María Magdalena ¡el icono del amor a Jesús!

María, creyendo que el que tiene ante él es el hortelano, el guardián de aquel huerto donde José de Arimatea y Nicodemo habían enterrado a Jesús, le responde: «Señor, si tú te lo llevaste, dime dónde lo pusiste y yo lo recogeré». Pero aquel hombre, que es Jesús, le pregunta además: «¿A quién buscas?», pregunta análoga a la que les hace a los dos discípulos del Bautista: «¿Qué deseáis?» (Jn 1,38: ¡sus primeras palabras en el cuarto evangelio!). En esta pregunta hay algo que para María no es nuevo, porque es la pregunta fundamental que Jesús formulaba a todo el que quería convertirse en discípulo suyo: buscar es la condición propia del discípulo. Entonces Jesús, dirigiéndose a María, que está enfrente, le dice: «¡Mariám!», la llama por su nombre, y ella, «volviéndose» (*strapheîsa*) de nuevo hacia él, el Jesús glorificado, lo reconoce y le dice: «¡*Rabbuní*, mi maestro!». Cuántas veces se había producido este diálogo entre ella y Jesús: ella, la oveja perdida y encontrada por Jesús (cf. Mt 18,12-14; Lc 15,4-7), llamada por su nombre, reconoce la voz del pastor (cf. Jn 10,3-4). «¡María!», una nueva llamada e inmediatamente después, una invitación: «Suéltame», es decir, aparta tus manos de mí, porque ya no hay posibilidad de encuentro entre cuerpos como antes, puesto que el cuerpo de Jesús ha resucitado en el seno del Padre. María, que podía decir que era una de los pocos que «hemos oído, hemos visto con nuestros ojos, hemos contemplado y nuestras manos han palpado acerca de la Palabra de la vida» (cf. 1Jn 1,1), ahora ha de creer y amar a Jesús de otra manera: su amor no muere, no desaparece, sino que María ha de amar a Jesús de otra manera. Se había vuelto hacia atrás, hacia su pasado, pero ahora, llamada por Jesús, se vuelve hacia él, el Resucitado, sin nostalgia del tiempo anterior antes de pasar de este mundo al Padre (cf. Jn 13,1).

Esta página de Juan resulta muy «afectiva», en el sentido de que está llena de sentimientos y, como tal, inspira también nuestra imaginación al pensar la relación de amor con el Señor Jesús. Es una página que recuerda claramente al Cantar de los Cantares, en el que en un jardín se produce un diálogo de amor entre los dos amados (cf. Cant 4,16; 5,1; 6,2), que se pierden, se buscan y se encuentran de nuevo (cf. Cant 3,1-4; 5,1-8). Como la mujer del Cantar, María Magdalena es mujer del deseo, un deseo tan fuerte y tenaz que hace que solo ella, que se ha quedado en el sepulcro para buscar a Jesús, pueda verlo. Pero lo que quiero destacar ante todo es el hecho de que esta búsqueda, esta perseverancia, esta individuación de la presencia del cuerpo son rasgos típicamente femeninos, esenciales en la amistad entre hombres y mujeres. Al mismo tiempo, esta página de Juan es *dangereuse*, peligrosa, para quien no sabe ver el amor con ojos puros y llega a concebir muchas fantasías sobre la relación entre Jesús y la Magdalena. No es una reacción nueva, ya ocurrió en la historia y está recogida en textos apócrifos, sobre todo en el evangelio de Felipe: ¡es una interpretación desviada impulsada por quien no sabe hacer otra cosa que atribuir a Jesús sus propios deseos modestos!

En ese encuentro con el Resucitado, María Magdalena se convierte en apóstol y es enviada a los discípulos, a los hermanos de Jesús, para llevarles el anuncio pascual. Y María, obediente, declara: «He visto al Señor» y refiere lo que le ha dicho. Sí, en el origen de esta fe pascual está ante todo María Magdalena (y las mujeres discípulas que ella representa), una mujer que creyó en el Señor y le amó. Desgraciadamente, sin embargo, en Occidente María ha sido objeto de interpretaciones equívocas: ha sido la pecadora, la prostituta de Lucas, también María de Betania, y ha sido representada llorando sus pecados, de los que ningún evangelio ha hablado nunca. De hecho, que Jesús «arrojara de su cuerpo siete demonios» (cf. Mc 16,9; Lc 8,2) solo significa que fue liberada de una grave enfermedad (siete es el número que indica plenitud, por tanto, enfermedad grave), ¡no de sus pecados! El encuentro con Jesús supuso para ella la curación, la liberación de estas fuerzas opresivas, el renacimiento y la posibilidad de una vida nueva, equilibrada: de ser una mujer «muerta», fue elevada y devuelta por Jesús a la vida plena, aquella en la que se viven afectos, relaciones, amor, comunión, alegría, junto con el esfuerzo del duro oficio de vivir.

No obstante, el arte cristiano, aunque con una enorme desproporción respecto a la iconografía (por otra parte, maravillosa) más difundida de María Magdalena que, inclinada y postrada, llora sus pecados, también ha dado testimonio de la verdad evangélica: en numerosas ocasiones, precisamente como *apostola apostolorum*, apóstol de los apóstoles (definición reservada a ella por Ireneo de Lyon, Hipólito de Roma, Orígenes...), ha sido representada predicando desde el ambón a la iglesia, en un bajorrelieve de la catedral de Marsella, en el retablo de la catedral de Salamanca, en la vidriera gótica de la iglesia austríaca de Weitensfeld im Gurktal, o en algunos códices (piénsese, por ejemplo, en el *Psalter of St. Albans*, Hildesheim, Dombibliothek, MS St. God. I). En cualquier caso, es precisamente la Magdalena la primera que reúne las condiciones exigidas para el apostolado: siguió a Jesús desde Galilea (cf. Lc 8,2; 23,49.55), fue testigo de su muerte (cf. Mc 15,40; Mt 27,56) y sepultura (cf. Mc 15,47 y par.), vio al Resucitado y fue enviada por él a dar testimonio (cf. Jn 20,17-18), exactamente como los Doce apóstoles (cf. Mt 28,19-20; Lc 24,46-49; Mc 16,15-16; Jn 20,21-23; Hch 1,8.21-22; véase también 1Cor 9,1-2).

Por último, querría mencionar al menos las tradiciones apócrifas sobre María Magdalena, no porque sean testimonios auténticos, sino porque pueden darnos alguna información sobre la recepción del evangelio en algunos ambientes cristianos y proporcionarnos huellas del recuerdo de la Magdalena. Por otra parte, solo en la literatura apócrifa se rompe el silencio sobre las mujeres discípulas y en especial sobre María, silencio que domina en cambio en los Hechos de los apóstoles y en los otros escritos del Nuevo Testamento. Ciertamente, esas mujeres fijaron el recuerdo de Jesús (especialmente de su pasión y muerte, de las que fueron los únicos testigos), un recuerdo fundamental para la formación y la redacción de los evangelios. Pero no sabemos nada de ellas, ni tampoco de su posible presencia en la Iglesia naciente de Jerusalén.

¿Hubo tensiones entre su grupo y el de los Doce? ¿Entre ellas y Pedro, el primero de los apóstoles? Pues bien, en los escritos apócrifos aparecen alusiones a esos conflictos y es frecuente la queja contra María Magdalena por ser excesivamente protagonista, demasiado locuaz, amada y preferida por Jesús. En el evangelio de Tomás, por ejemplo, Pedro le dice a Jesús: «Quiero que María salga de entre nosotros», es decir, que se vaya de nuestra comunidad, «pues las mujeres no son dignas de la vida» (versículo 114, ¡el último de toda la serie!). Hay que reconocer que sobre las mujeres discípulas cayó primero el silencio y luego el desprecio, hasta el punto de haber sido olvidadas. Y si bien es cierto que a María Magdalena se le otorgó en Oriente el título de «isoapóstol», igual a los apóstoles, y en Occidente el de «apóstol de los apóstoles», en realidad nunca se le ha reconocido ningún valor eclesial ni ninguna cualidad ministerial.

De ningún modo nos hemos tomado en serio las palabras de Rabano Mauro, un monje y obispo que vivió entre los siglos VIII y IX, quien en su biografía de María Magdalena comenta cómo se le apareció Jesús resucitado, y destaca que ese hecho otorga a esta mujer discípula una función eclesial decisiva:

> María cree en el Cristo, encontrando su fe en él al escuchar la deseada voz del Señor, y con su presencia tan deseada [...]. Creyó firmemente que el Cristo, hijo de Dios, que ella vio resucitado, era el verdadero Dios, aquel que ella había amado cuando estaba vivo; que verdaderamente había resucitado de entre los muertos aquel al que había visto morir [...]. El Salvador, convencido de que el de María era un purísimo amor, [...] la eligió apóstol de su ascensión, [...] como poco antes la había erigido en evangelista de la resurrección [...]. Ella, elevada a tan alta dignidad de honor y de gracia por el mismo Hijo de Dios y Salvador nuestro, [...] no dudó en ejercer el ministerio de apóstol con el que había sido honrada [...]. María, con sus co-apóstoles, anunció el Evangelio de la resurrección de Cristo con las palabras: «He visto al Señor» (Jn 20,18), y profetizó su ascensión con las palabras: «Voy a subir a mi Padre y vuestro Padre» (Jn 20,17). [*Vida de santa María Magdalena* 26-27]

Al término de esta exposición sobre las mujeres que Jesús encontró o que fueron sus discípulas, no podemos dejar de recordar algunas palabras de Jesús que se refieren a la mujer;

palabras que nos muestran también la mirada, la visión de Jesús acerca de esta criatura de Dios que él, siendo hombre, captaba en su diferencia y en su dignidad igual.

En el evangelio según Lucas, se conserva un episodio, un breve diálogo entre una mujer anónima en medio de la multitud y Jesús que está subiendo hacia Jerusalén. Tras haber escuchado a Jesús y haber sido testigo de su poder sobre los demonios y de su capacidad de asistir y sanar a los enfermos, esta mujer, movida por un impulso interior de admiración y de afecto hacia él, piensa en la alegría de su madre: ¡haber dado a luz un hijo tan extraordinario! Por esto grita: «¡Bienaventurado el seno que te llevó y los pechos que te criaron!» (Lc 11,27). No canta la felicidad de las bienaventuranzas (cf. Lc 6,20-23), sino que exalta el privilegio de la madre de Jesús, que a sus ojos consiste en haber llevado en el seno a un hijo así y haberlo amamantado.

Frente a estas palabras, Jesús expresa cierta reserva, un «más bien» (*menoûn*): «Bienaventurados más bien los que escuchan la palabra de Dios y la guardan» (Lc 11,28). Sin duda bienaventurada es la maternidad de una mujer, como la canta el salmo 128: «Tu mujer, como la parra fértil en los muros de tu casa» (v. 3). En cuanto a la madre de Jesús, su buenaventura hay que buscarla en otro lugar: su madre María es bienaventurada porque ha escuchado la palabra de Dios y la ha acatado, porque ha creído en el Señor y ha obedecido plenamente al Señor como sierva de su palabra (cf. Lc 1,38.45.48; 2,19.51). De este modo Jesús declara que para ser bienaventurado no hace falta ser madre, ni siquiera su madre. Si aquella mujer sintió una envidia inocente de la madre de Jesús, él la remite a sí misma, diciéndole en realidad: «¡Bienaventurada eres tú, si escuchas y observas mi palabra!».

En la visión cristiana, para una mujer el honor supremo no consiste en ser madre, porque la maternidad no es la única posibilidad de realizar la propia misión, sino que es el hecho de ser discípula que sigue a Jesús lo que puede dar plenitud de vocación y de realización tanto al hombre como a la mujer. A este propósito hay que destacar cómo el deutero-Pablo (esto es, un continuador del apóstol histórico), cuando afirma que a la mujer «su función maternal la salvará, si persevera con modestia en la fe, el amor y la santidad» (1Tim 2,15), no se inspira en las palabras y la conducta de Jesús, que nada tienen que ver con esa afirmación.

Una mujer —casada o no, madre o no, viuda...— puede ser más que una madre natural, porque si escucha la palabra de Dios es discípula, hermana y madre de Jesús y de los otros. Me refiero a otra página de la vida de Jesús, cuando su madre y sus hermanos van a reunirse con él mientras está predicando, rodeado de sus discípulos, de sus discípulas y de la multitud; como no podían acercarse, se quedaron fuera (*éxo*) y lo mandaron llamar a él que está dentro (*éso*; cf. Mc 3,31-32 y par.). «Pero él les contesta: "¿Quién es mi madre y quiénes son mis hermanos?". Y paseando la mirada por los que estaban sentados a su alrededor, dice: "He aquí a mi madre y mis hermanos. El que hace la voluntad de Dios, ese es mi hermano y mi hermana y mi madre"» (Mc 3,33-35; Mt 12,48-50). O bien, según Lucas: «Mi madre y mis hermanos son aquellos que oyen la palabra de Dios y la ponen en práctica» (Lc 8,21).

Se trata de la misma perspectiva del otro episodio que acabamos de comentar: las mujeres no son bienaventuradas en virtud de su maternidad biológica, ni en virtud de su función doméstica tradicional (cf. Lc 10,38-42), sino porque escuchan y ponen en práctica la Palabra, por tanto son discípulas como los discípulos. La maternidad biológica no es un destino para las mujeres, ni lo es la paternidad para los hombres: lo decisivo es la relación con el Señor, que se desarrolla en la escucha y la práctica de su palabra, de su voluntad. Por eso Jesús lanzará un grito a las mujeres de Jerusalén, durante su camino al Calvario. Viéndolas llorar por su suerte (cf. Lc 23,27), las llama y dice: «Hijas de Jerusalén, no lloréis por mí, llorad, más bien, por vosotras y por vuestros hijos. Porque se acercan días en que se dirá: "¡Dichosas las estériles! ¡Bienaventurados los senos que no engendraron y los pechos que no criaron!"» (Lc 23,28-29). Palabras enigmáticas sin duda, pero que contribuyen a relativizar la maternidad como única posibilidad para la mujer de buscar su plenitud y su salvación.

«Ni varón ni mujer»

Estamos al principio de ese discipulado de dos velocidades que, a continuación, marcará de forma más clara la vida de

> las iglesias cristianas [...]. ¿Acaso debemos imaginar que, en el momento de paso entre el segundo y el tercer milenio cristiano, se producirá un reflujo involutivo análogo al que marcó el paso entre el primer y el segundo siglo cristiano, y que llevó a la marginación de las mujeres de la *ecclesia* cristiana? Puede que hayan cambiado demasiado las condiciones socioculturales para que esto pueda suceder. [Marinella Perroni]

A partir de las palabras y de la actuación de Jesús en relación con las mujeres, cabe esperar una continuación creativa de esa conducta también en el seno de su comunidad, después de su muerte y resurrección. Y, en cambio, observamos una evolución o, mejor dicho, una involución, que contradice justamente la gran y extraordinaria apertura iniciada por Jesús.

Ya en los Hechos de los apóstoles, los discípulos convertidos en apóstoles continúan como protagonistas de la vida cristiana, mientras que las discípulas, apóstoles de la resurrección de Jesús, desaparecen, envueltas en el silencio y el olvido. De María Magdalena no queda ningún recuerdo, de las otras mujeres discípulas en Galilea y testigos de la muerte y resurrección de Jesús, no se hace ninguna mención. ¿Qué fue de ellas? ¿No tuvieron función alguna en la Iglesia naciente? ¿No merecían ser recordadas por el papel que habían desempeñado tras la marcha de Jesús? El mismo Lucas, que en el evangelio siguió con atención los encuentros de Jesús con las mujeres y recordó la cercanía y la amistad de algunas con Jesús, en los Hechos solo cuenta que en el momento del Pentecostés, del descenso del Espíritu Santo, había «algunas mujeres y María, la madre de Jesús y sus hermanos» (Hch 1,14), y en cambio transcribe con mucho cuidado los nombres de los once apóstoles (cf. Hch 1,13). Las anunciadoras de la resurrección a los Once, las primeras creyentes en la glorificación de Jesús, quedan reducidas a «algunas mujeres» anónimas y casi ocasionales.

Es cierto que en la misma obra se mencionan algunas mujeres —Tabitá, resucitada por Pedro en Jope (cf. Hch 9,36-42); Lidia, la primera convertida en Europa (cf. Hch 16,14); otras mujeres convertidas por la predicación de Pablo (cf. Hch 17,4.34); Priscila (diminutivo de Prisca: cf. Rom 16,3; 1Cor 16,19; 2Tim 4,19), mujer de Áquila, que desde Corinto se embarca junto con Pablo y su marido hacia Siria, y en Éfeso instruye a Apolo sobre el «camino de Dios» (cf. Hch 18,2.18.26)—, pero no puede decirse que la evangelización narrada en los Hechos sea obra también de mujeres. En las cartas auténticas de Pablo aparecen «Febe, nuestra hermana, que es diaconisa de la iglesia de Céncreas» (Rom 16,1), otras que mucho han trabajado por el Señor (cf. Rom 16,6.12), Estefanás (cf. 1Cor 1,16; 16,15.17), Evodia y Síntique que han luchado junto al apóstol por la causa del Evangelio (cf. Fil 4,2-3).

De modo que las mujeres estaban presentes en la comunidad cristiana y también sufrían la persecución a causa de

Cristo y del Evangelio junto con los otros cristianos (cf. Hch 9,2), pero no aparece ninguna mujer con un papel protagonista en relatos de evangelización o significativo en algún encuentro o diálogo con los apóstoles. Pablo, observando la novedad de las comunidades cristianas, proclama con mucha fuerza y convicción:

> Todos, en efecto, sois hijos de Dios mediante la fe en Cristo Jesús. Pues todos los que habéis sido bautizados en Cristo os habéis revestido de Cristo. Ya no hay judío ni griego; ya no hay esclavo ni libre; ya no hay varón ni mujer, pues todos vosotros sois uno en Cristo Jesús. [Gál 3,26-28]

Sí, por medio del bautismo todos los creyentes y todas las creyentes en Cristo han sido orientados hacia él y a él pertenecen, y esta nueva identidad espiritual prevalece sobre las diferencias creacionales entre creyentes. Estas ya no implican disparidades de derechos y de deberes: «Todos vosotros sois hermanos (y hermanas)» (Mt 23,8), dijo Jesús. Delante de Dios todos los bautizados y las bautizadas, gracias a la fe, se han convertido en sus hijos e hijas, hermanos y hermanas de Jesucristo, y las diferencias ya no pueden ser motivo de discriminación: todos y todas son descendientes de Abraham, destinatarios de la promesa, partícipes de la salvación. Esta es la novedad cristiana, este es el orden de la nueva creación en Cristo, esta es la afirmación que ha de plasmar el rostro de la comunidad cristiana, de la Iglesia. Pero esta novedad que Pablo proclama con *parrhesía* tuvo que enfrentarse a la endoculturación del evangelio en el mundo helénico y a la pesada herencia del judaísmo fariseo ya mayoritaria: la Ley afirmada y desplegada por los maestros judíos y la cultura grecorromana presente en el Mediterráneo prevalecieron de hecho sobre las palabras y la actitud de Jesús frente a las mujeres.

En un análisis mesurado e inteligente de los escritos apostólicos desde el punto de vista de la presencia de las mujeres en las comunidades de la nueva alianza, Michel Gourgues distingue tres etapas que marcan la endoculturación del evangelio en el Mediterráneo. En la primera etapa, la afirmación de la novedad y la especificidad cristiana no hace referencia a los modelos socioculturales dominantes, sino que otorga la primacía al evangelio. La expresión más elocuente de esta situación es la ya recordada: «Ya no hay varón ni mujer» (Gál 3,28). Por esto, en la Primera carta a los corintios, el apóstol sitúa a marido y mujer en perfecta reciprocidad (cf. 1Cor 7,2-5), hombres y mujeres están dotados de la misma subjetividad en la asamblea litúrgica, igualmente habilitados para profetizar (cf. 1Cor 11,4-5). En la vida conyugal y en la asamblea litúrgica hombres y mujeres han de vivir en plena igualdad de derechos y de deberes.

Pero muy pronto sigue una nueva etapa, que acaba ratificando el modelo de la sumisión de la mujer al hombre: la dignidad cristiana se afirma de igual modo para hombres y mujeres, pero en la vida familiar y social las mujeres han de estar visiblemente sometidas a los hombres (cf. Ef 5,21-22;

Col 3,18-19; Tim 2,5; 1Pe 3,1-6). Desde luego, todo esto dentro de la afirmación del gran valor del amor (*agápe*), pero la relación entre hombre y mujer ya no es paritaria. También la metáfora nupcial Cristo-Iglesia aplicada a las bodas cristianas (cf. Ef 5,23-33) expresa la primacía del hombre sobre la mujer, como Cristo sobre la Iglesia, su esposa. No hay que olvidar que la iglesia es *creatura Verbi*, criatura de la palabra, de Cristo, ¡mientras que esto no puede decirse de una mujer en relación con su marido! Así pues, delante de Dios se afirma que hombres y mujeres son iguales, pero en la existencia concreta no hay reciprocidad de posibilidades y de derechos. La cultura dominante grecorromana y la tradición judía muestran su fuerte influencia, y el evangelio genuino se contradice con la práctica cristiana y eclesial. Es representativo de este cambio un pasaje de la Carta a los colosenses, deuteropaulina. Cuando se retoma el lapidario anuncio que aparece en Gál 3,28: «Ya no hay judío ni griego; ya no hay esclavo ni libre; ya no hay varón ni mujer», se olvida precisamente este último elemento: «no hay ya griego ni judío, circuncisión ni incircuncisión, bárbaro, escita, esclavo, libre» (Col 3,11).

Llega finalmente el tercer período, representado de forma elocuente por el discípulo de Pablo que escribe la Primera carta a Timoteo, de la que ya hemos recordado una afirmación. Si prolongamos ligeramente la perícopa citada, podemos observar cómo se afirma la sumisión de la mujer no solo en la sociedad sino también en la comunidad cristiana, en la

Iglesia. Tampoco se recuerda ya el principio «ya no hay varón ni mujer», sino que se exhorta:

> Durante la instrucción, aprendan las mujeres en silencio, con plena sumisión.
>
> No permito que la mujer enseñe ni ejerza autoridad sobre el hombre; sino que debe mantenerse en silencio. Dios formó primero a Adán y después a Eva. Y no fue Adán el seducido, sino la mujer, que, una vez seducida, incurrió en la transgresión. Pero la función maternal la salvará, si persevera con modestia en la fe, el amor y la santidad. [1Tim 2,11-15]

Por consiguiente, si bien en la Primera carta a los corintios, Pablo —como acabamos de recordar— reconoce a la mujer la posibilidad de rezar y de profetizar en la asamblea litúrgica (*proseuchoméne è propheteúousa*: 1Cor 11,5), es decir, la capacidad de tomar la palabra en nombre de Dios, anunciando una palabra de parte del Señor a los creyentes reunidos, en la misma carta, unos capítulos más adelante, tal vez ya no Pablo, sino un discípulo que ha interpolado el texto escribe, contradiciéndose totalmente:

> Como en todas las reuniones de los fieles, las mujeres callen en las asambleas, pues no les está permitido hablar, sino que se muestren sumisas, como manda la Ley. Si quieren aprender algo, que lo pregunten a sus propios maridos

> en casa, pues no está bien visto que una mujer hable en una asamblea. [1Cor 14,33-35]

La ley vigente en la sinagoga domina de nuevo en la comunidad de los discípulos de Jesús, mientras que la especificidad cristiana se va difuminando y contradiciendo. La afirmación «ya no hay judío ni griego [...] ya no hay varón ni mujer» ya no tiene posibilidad de inspirar y de plasmar la forma de la Iglesia. Por tanto, la mujer cristiana, liberada por Jesús y revestida de toda su dignidad, vuelve muy pronto a ser fijada en las imágenes de la tradición patriarcal: seductora, primera pecadora, criatura que puede salvarse si es madre que da a luz hijos con dolor o virgen para cuidarse de las cosas del Señor (cf. 1Cor 7,34).

Pues bien, ¿qué es lo que conviene que resuene como un memorial? Que Pedro en Cesarea confesó la fe en Jesús como Mesías (cf. Mc 8,29 y par.; Jn 6,68-69), o que también una mujer, Marta, confesó con claridad y nitidez que Jesús es «el Cristo, el Hijo de Dios, el que tenía que venir al mundo» (Jn 11,27). Que las mujeres, y en primer lugar María Magdalena, fueron las primeras en ver el sepulcro vacío, creyeron en la resurrección y vieron al Resucitado; y que tras haber pensado que aquellas mujeres discípulas desvariaban y decían tonterías (cf. Lc 24,11), también los discípulos vieron al Resucitado y creyeron en la resurrección de Cristo Señor. Sobre todo, sería necesario que la Iglesia, las iglesias, sin miedo volvieran simplemente a inspirarse en las palabras y en la conducta de Jesús respecto a las mujeres, asumiendo los pensamientos, sentimientos y actitudes tan humanos y, al mismo tiempo, decisivos para conformar la comunidad cristiana y las relaciones entre hombres y mujeres, que son ya una sola cosa en Cristo Jesús.

Bibliografía complementaria

Aleixandre, D., *Baptisés dans le feu*, Namur, Lessius, 2016. [Hay trad. cast.: *Bautizados con fuego*, Santander, Sal Terrae, 1997.]

Barbaglio, G., *Gesú ebreo di Galilea. Indagine storica*, Bolonia, EDB, 2002.

Bianchi, E., «Maria, la madre del Signore», en *ídem*, *Amici del Signore*, Turín, Gribaudi, 1992, 2.ª ed., pp. 31-63.

—, «Maria, terra del cielo», en Comunità di Bose (ed.), *Maria. Testi teologici e spirituali dal I al XX secolo*, Milán, Mondadori, 2000, pp. IX-LXVIII.

Bovon, F., *Vangelo di Luca. Vol. I: Commento a 1,1-9,50*, Brescia, Paideia, 2005.

Calduch-Benages, N., *El perfume del Evangelio. Jesús se encuentra con las mujeres*, Estella, Verbo Divino, 2008.

Cuvillier, É., *L'Évangile de Marc. Bible en Face*, París-Ginebra, Labor et Fides, 2002.

Daviau, P. y Parmentier, É., *Marthe et Marie en concurrence? Des Pères de l'Église aux commentaires féministes*, Montreal, Médiaspaul, 2012.

Gourgues, M., *Ni homme ni femme: L'attitude du premier christianisme à l'égard de la femme: évolutions et régressions*, París - Montreal, Cerf - Médiaspaul, 2013.

Marchadour, A., *Les personnages dans l'évangile de Jean. Miroir pour une christologie narrative*, París, Cerf, 2004.

Meier, J. P., *A Marginal Jew: Rethinking the Historical Jesus*, Nueva York, Yale University Press, 5 vols., 1991-2016. [Hay trad. cast.: *Un judío marginal. Nueva visión del Jesús histórico*, Estella, Verbo Divino, 5 vols., 1998-2010.]

Moltmann-Wendel, E., *Le donne che Gesú incontrò*, Brescia, Queriniana, 1989.

Perroni, M., *Le donne di Galilea. Presenze femminili nella prima comunità cristiana*, Bolonia, EDB, 2015.

Perroni, M. y Simonelli, C., *Maria di Magdala. Una genealogia apostolica*, Aracne, Ariccia, 2016. [Hay trad. cast: *María de Magdala: una genealogía apostólica*, Madrid, San Pablo, 2017.]

Ricci, C., *Maria di Magdala e le molte altre*, Nápoles, M. D'Auria, 1991.

Scaraffia, L., *Dall'ultimo banco. La Chiesa, le donne, il sinodo*, Venecia, Marsilio, 2016. [Hay trad. cast.: *Desde el último banco. Las mujeres en la Iglesia*, Madrid, PPC Editorial, 2016.]

Vignolo, R., *Personaggi del Quarto Vangelo. Figure della fede in San Giovanni*, Milán, Glossa, 1994.

Wénin, A. y Focant, C., *Vives femmes de la Bible*, Bruselas, Lessius, 2007. [Hay trad. cast.: *Mujeres de la Biblia*, Barcelona, Claret, 2008.]

Índice